साम्प्रदायिकता और हिन्दी उपन्यास

साम्प्रदायिकता और हिन्दी उपन्यास

शिवकुमार मिश्र

वाणी प्रकाशन

वाणी प्रकाशन

4695, 21-ए, दरियागंज, नयी दिल्ली 110 002

शाखा

अशोक राजपथ, पटना 800 004

फोन : +91 11 23273167 फ़ैक्स : +91 11 23275710

www.vaniprakashan.in
vaniprakashan@gmail.com

SAMPRADAYIKTA AUR HINDI UPANYAS
by ShivKumar Mishra

ISBN : 978-93-5229-040-6
Criticism

प्रथम संस्करण

मूल्य : ₹ 295

हर्ष प्रिंटर्स, नयी दिल्ली-110 093 में मुद्रित

वाणी प्रकाशन का लोगो मक़बूल फ़िदा हुसेन की कूची से

प्रकाशकीय

डॉ. शिवकुमार मिश्र की यह पुस्तक उनकी अनुपस्थिति में प्रकाशित हो रही है। जैसा कि उन्होंने पुस्तक की प्रस्तावना में संकेत किया है कि सरदार पटेल विश्वविद्यालय से सेवानिवृत्त होने के बाद, सन् 1991 से उन्होंने विश्वविद्यालय अनुदान आयोग द्वारा स्वीकृत 'साम्प्रदायिकता और हिन्दी उपन्यास' नामक परियोजना पर काम शुरू किया और सन् 1994 में काम पूरा हुआ। बाद में उसके प्रकाशन की बात चली; परन्तु किन्हीं कारणों से बात आगे नहीं बढ़ पायी। मिश्रजी के अवसान के एक साल बाद उनके निकट सहयोगी डॉ. योगेन्द्रनाथ मिश्र ने उनकी फाइलों से पुस्तक की सामग्री खोज कर निकाली। परन्तु सामग्री की सबसे बड़ी कठिनाई यह थी कि उसका तीन चौथाई हिस्सा फोटो-कॉपी के रूप में था, जो बहुत धुँधला और अस्त-व्यस्त था। उसको पढ़ना बहुत मुश्किल था। डॉ. योगेन्द्रनाथ मिश्र ने पुस्तक की प्रूफ रीडिंग की तथा नयी अनुक्रमणिका तैयार की। हम उनके आभारी हैं। प्रो. मुरली मनोहर प्रसाद सिंह ने पुस्तक के बारे में दो शब्द लिखे। उनके प्रति भी आभार।

इस महत्त्वपूर्ण पुस्तक के प्रकाशन से एक ओर जहाँ हमें हर्ष है वहीं इस बात का रंज भी है कि यह पुस्तक यदि मिश्रजी के जीवनकाल में प्रकाशित हुई होती तो प्रसन्नता दोगुनी होती। फिर भी...

अरुण माहेश्वरी

प्रस्तावना

सरदार पटेल यूनीवर्सिटी के हिन्दी विभाग के प्रोफेसर-अध्यक्ष पद से सेवानिवृत्त होने के उपरान्त विश्वविद्यालय अनुदान-आयोग की शोध-परियोजना के तहत 1991 से 'साम्प्रदायिकता और हिन्दी उपन्यास' शीर्षक से इस अध्ययन का प्रारम्भ मैंने किया। साम्प्रदायिकता की समस्या, जो आधुनिक भारत की सबसे ज्वलन्त समस्या है और जिससे सम्प्रति राजनीतिक, सामाजिक, आर्थिक, धार्मिक–हर स्तर पर बौद्धिक और प्रशासकीय सभी आयामों पर निपटा जा रहा है। विचार करने पर लगा कि यदि वस्तुतः हमारा सामाजिक जीवन और हमारे तमाम सामाजिक क्रिया-कलाप साहित्य में प्रतिबिम्बित होते हैं, साहित्य समाज को तथा समाज साहित्य को प्रभावित और प्रेरित करता है, तो देखने और विचार करने की बात है कि साम्प्रदायिकता की वर्तमान समस्या साहित्य में किस रूप में प्रतिबिम्बित हुई है या साहित्य ने इस समस्या को कहाँ तक प्रेरित या प्रभावित किया है। साम्प्रदायिकता के विषय में हमारे रचनाकारों का रुख क्या और कैसा है?

सम्पूर्ण साहित्य सर्जना को केन्द्र में रखने पर शोध-परियोजना के अत्यधिक विस्तृत हो जाने का प्रश्न था। समय भी इस हेतु अधिक चाहिए था, अतएव अध्ययन को मुख्यतः उपन्यासों के सन्दर्भ में ही सीमित करना पड़ा। उपन्यास को युग-जीवन के महाकाव्य की संज्ञा प्रदान की गयी है। कविता की अपेक्षा गद्य और वह भी उपन्यासों में सामाजिक जीवन का यथार्थ काफी कुछ स्पष्ट होकर अभिव्यंजित होता है, अतएव उपन्यासों को केन्द्र में रखकर समस्या का विवेचन सार्थक भी प्रतीत हुआ।

प्रस्तुत सार-संक्षेप इस विषय पर निरन्तर तीन वर्ष तक किये गये मेरे अध्ययन का प्रतिफल है। कार्य को समूचे विस्तार में समेटने में कुछ समय वांछित होगा, किन्तु मूलवर्ती निष्कर्ष तथा अध्ययन का सार-संक्षेप इस बात का साक्ष्य देता है कि समस्या को उसके सारे कोणों से देखा और परखा गया है।

'विषय प्रवेश' के अन्तर्गत प्राचीन तथा मध्यकालीन भारतीय समाज के इतिहास को देखा गया है तथा इस बात को उजागर करने का प्रयास हुआ है कि विभिन्न सम्प्रदायों के बीच प्रचीन भारत में सामाजिक सम्बन्धों का स्वरूप क्या था, तथा

मुसलमानों के आगमन तथा दिल्ली सल्तनत एवं मुगल साम्राज्य की स्थापना के बाद भारतीय समाज में हिन्दू-मुस्लिम सम्बन्धों का स्वरूप क्या और कैसा रहा?

इसके अलावा आदिकालीन हिन्दी साहित्य तथा मध्ययुगीन हिन्दी साहित्य में उस समय का सामाजिक जीवन, विभिन्न सम्प्रदायों के सम्बन्ध किस प्रकार और किस रूप में प्रतिबिम्बित हुए।

इसके उपरान्त उन्नीसवीं सदी के उत्तरार्द्ध का विवेचन किया गया है तथा उन्नीसवीं सदी उत्तरार्द्ध को भारतीय समाज तथा साहित्य के इतिहास में आधुनिक काल का आरम्भ स्वीकार किया गया है। औद्योगीकरण के साथ शुरू होने वाले इस आधुनिक युग से ही खड़ीबोली का उदय और विकास होता है तथा पद्य के साथ-साथ गद्य की तमाम विधाएँ सामने आती हैं, उपन्यास जिनमें सर्वाधिक प्रमुख बनकर उभरता है।

औपनिवेशिक शासन की 'फूट डालो और राज करो' की कुटिल नीति इसी काल में आधुनिक भारतीय समाज में साम्प्रदायिकता की समस्या के लिए विष बीज बोती और उन्हें पल्लवित करती है। इसके साथ 19वीं सदी के उत्तरार्द्ध में ही समूचे भारतीय जीवन को प्रभावित करने वाली दो महत्त्वपूर्ण घटनाएँ घटती हैं—नवजागरण और राष्ट्रीय मुक्ति आन्दोलन। तमाम सकारात्मक अवदानों के साथ नवजागरण तथा मुक्ति आन्दोलन के अपने अन्तर्विरोध उनके कुछ नकारात्मक पहलुओं को भी सामने लाते हैं तथा साम्प्रदायिकता की उस समस्या को भी जाने-अनजाने पोषण देते हैं, जो कालांतर में उग्र होकर सामने आती है।

इसी नाते अगले प्रकरणों में राष्ट्रीय नवजागरण तथा मुक्ति आन्दोलन के चरित्र की पड़ताल की गयी है, उनके अन्तर्विरोधों का अध्ययन किया गया है तथा उन परिणामों को सामने लाया गया है, जो साम्प्रदायिकता की वर्तमान समस्या को पल्लवित करने में अपना योगदान देते रहे हैं।

इसी के साथ समकालीन भारत में साम्प्रदायिकता की समस्या को जन्म देने, पोषित करने वाले दूसरे तमाम कारणों तथा उनकी नयी-नयी शक्लों का इतिवृत्त भी दिया गया है।

अगले प्रकरण में उपन्यासेतर आधुनिक हिन्दी साहित्य में साम्प्रदायिक मनोभावों की स्थिति को पहचानने का उपक्रम है। ऐसा इसलिए किया गया है कि मात्र उपन्यासों का अध्ययन एकायामी निष्कर्षों को लेकर सामने न आये।

तदुपरान्त हिन्दी उपन्यास और साम्प्रदायिकता की समस्या का केन्द्रवर्ती विवेचन है।

सबसे पहले पूर्व-प्रेमचन्द युग के उपन्यासों का अध्ययन विस्तार से किया गया है; तथा अध्ययन के निष्कर्ष दिये गये हैं।

तत्पश्चात प्रेमचन्द और उनके समकालीन उपन्यासकारों के साहित्य का विस्तृत अध्ययन किया गया है और सबसे अन्त में प्रेमचन्द परवर्ती उपन्यासों को अध्ययन के केन्द्र में लाया गया है। यह अध्ययन अद्यतन रचनाओं तक फैला है तथा इसमें युवा रचनाकारों की कृतियों को भी शामिल किया गया है।

अन्त में, समूचे कार्य के फलस्वरूप सामने आये निष्कर्षों को क्रमबद्ध रूप में प्रस्तुत किया गया है।

इस बात की सुखद अनुभूति मुझे हुई है कि हिन्दी साहित्य की समूची परम्परा में साम्प्रदायिक मनोभावों को उकसाने-उभारने वाले तत्त्व नहीं हैं। मेरी यह सुविचारित स्थापना है कि महज हिन्दी का उपन्यास साहित्य ही नहीं, आदिकाल से प्रवर्तित और आधुनिक विश्व तक गतिशील हिन्दी साहित्य की समूची परम्परा, धर्म-निरपेक्षता, धार्मिक सद्भाव की हिमायती तथा मूलतः साम्प्रदायिकता विरोधी परम्परा है; समूचे हिन्दी साहित्य में किसी भी उल्लेखनीय रचनाकार ने कभी भी ऐसा लेखन नहीं किया जो संकीर्ण धार्मिक या साम्प्रदायिक भावनाओं को उकसाये या उन्हें प्रेरित करे। मध्यकाल की सन्तों और भक्तों की परम्परा विशुद्ध मानववादी परम्परा है तथा आधुनिक काल का समूचा साहित्य सामान्यतः सम्प्रदायवाद विरोधी साहित्य है। यह स्थापना तथ्यों पर आधारित है तथा मैं किसी भी मंच पर आश्वस्त होकर उसे 'डिफेंड' कर सकता हूँ।

यही इस अध्ययन का सकारात्मक निष्कर्ष है। सार-संक्षेप के अन्तर्गत उसकी वैधता का परीक्षण किया जा सकता है।

जिन विद्वानों, विचारकों, रचनाकारों आदि की कृतियों से मैंने प्रत्यक्ष अथवा परोक्ष सहायता ली है, उनके प्रति मैं हृदय से आभारी हूँ। हिन्दी की रचनाधर्मी परम्परा पर मुझे गर्व है, जो राष्ट्रीय हित के समक्ष कभी शिथिल या दिग्भ्रमित नहीं हुई।

विश्वविद्यालय अनुदान आयोग तथा सरदार पटेल विश्वविद्यालय के अधिकारियों के प्रति भी मैं आभार व्यक्त करता हूँ, जिन्होंने मुझे इस परियोजना पर कार्य करने का अवसर प्रदान किया तथा सुविधाएँ दीं।

शिवकुमार मिश्र

वल्लभ विद्यानगर
15 अगस्त, 1994

अनुक्रमणिका

1

प्राचीन एवं मध्यकालीन भारत में साम्प्रदायिकता और हिन्दू-मुस्लिम सम्बन्धों का इतिहास

विषय-प्रवेश : भारत जैसे अत्यन्त जटिल सामाजिक संरचना वाले, विविध धर्मों और सम्प्रदायों वाले देश के लिए साम्प्रदायिकता, साम्प्रदायिक मनोवृत्ति, साम्प्रदायिक टकराव या बड़े स्तर का साम्प्रदायिक संघर्ष, हिंसा या रक्तपात, कोई नयी बात हो, ऐसा नहीं है। साम्प्रदायिक मनोभावना और उसके अवांछित रूप काल के अपने विशिष्ट सन्दर्भों में अपने-अपने ढंग से अतीत के भारतीय इतिहास का भी उसी तरह हिस्सा रहे हैं जैसे कि वे आधुनिक भारत के हमारे अपने समय में हमारी अपनी चिन्ता का अभिन्न और आत्यंतिक हिस्सा हैं। जिसे आज हम हिन्दू धर्ममत के नाम से जानते हैं, भारत की अपनी सामाजिक, धार्मिक और सांस्कृतिक संरचना में वह काफी बाद को अस्तित्व में आया है, इस्लाम के भारत में प्रवेश के बाद। इस्लाम के आगमन के पहले भारत में हिन्दू धर्ममत जैसा कोई भी धर्ममत नहीं था। यह नाम भी उसे बाहर से आने वाले इस्लाम के अनुयायियों ने दिया है। इस्लाम के आगमन के पहले भारत की सामाजिक, धार्मिक और सांस्कृतिक संरचना में थे वर्ण-व्यवस्था के अनुरूप विविध वर्ण, वर्णेतर लोग, सनातन-वैदिक धर्म या आर्य धर्म, उसकी शाखा-उपशाखाएँ, या फिर इस सनातन वैदिक धर्म के विरोध में सामने आने वाले अवैदिक धर्म और धर्म सम्प्रदाय—बौद्ध, जैन, और लोकायत आदि। मुख्य धार्मिक सम्प्रदाय थे वैष्णव, शैव और शाक्त जैसे सम्प्रदाय या फिर बौद्ध और जैन धर्मों से निःसृत महायान, हीनयान और उनके सम्पर्क में अस्तित्व लेतीं अन्य धार्मिक विचार-सरणियाँ और सम्प्रदाय। सब कुछ अत्यन्त जटिल और उलझा हुआ। जिसे हमने ऊपर साम्प्रदायिक मनोभावना या साम्प्रदायिक मनोवृत्ति कहा है, और जिसके अवांछित परिणामों—मसलन रक्तरंजित संघर्षों और टकरावों की भी चर्चा की है, उसका तथा उसके इन परिणामों का सम्बन्ध ऊपर बताए इन्हीं धार्मिक सम्प्रदायों से है। ये संघर्ष सनातन वैदिक धर्म या आर्य धर्म और उसके विरोधी अवैदिक कहे जाने वाले धर्मों के अनुयायियों के बीच ही हुए हों, ऐसी भी बात नहीं है, ये एक

ही धर्म की अपनी शाखाओं और उपशाखाओं से जुड़े लोगों के बीच भी हुए और होते रहे हैं। वैष्णवों, शैवों और शाक्तों के बीच होने वाले वैचारिक संघर्ष की बात जाने दें, इसके अनुयायी वृहत स्तर की मानवीय हिंसा, रक्तपात एवं ऐसी ही दूसरी परिणतियों के साथ अतीत के भारत में प्रायः एक-दूसरे से मुखातिब होते रहे हैं। एक सम्प्रदाय पर आस्था रखने वालों ने—मसलन, वैष्णवों और शैवों ने, न केवल एक-दूसरे के पूजा और उपासना स्थलों को ध्वस्त किया है, एक-दूसरे के धर्म-ग्रन्थों को नष्ट करने तथा वृहत स्तर पर एक-दूसरे को सामुदायिक स्तर पर सदा-सदा के लिए उखाड़ फेंकने के अभियानों में भी आगे बढ़कर हिस्सा लिया है। भारत के दक्षिणी प्रदेशों में वैष्णवों और शैवों का संघर्ष आज के भारत की भी हकीकत है। प्राचीन भारत से सम्बन्धित इतिहास ग्रन्थों में विस्तार के साथ हम विगत भारत के विभिन्न धर्मानुयायियों के बीच होने वाले इन संघर्षों को लिपिबद्ध रूप में देख सकते हैं।

भारत के सामाजिक-सांस्कृतिक जीवन में एक अत्यन्त महत्त्वपूर्ण मोड़ तब आया, जब भारत में इस्लाम का प्रवेश हुआ। इस घटना ने जैसे भारतीय धर्ममत और समाज-व्यवस्था को बुरी तरह से झकझोर कर रख दिया। आचार्य पं. हजारीप्रसाद द्विवेदी लिखते हैं—"भारतवर्ष कोई नया देश नहीं है। बड़े-बड़े सम्प्रदाय उसकी धूल में दबे हुए हैं।...आदिकाल से उसमें अनेक जातियों, कबीलों, नस्लों और घुमक्कड़ खानाबदोशों के झुंड के झुंड आते रहे हैं। कुछ देर के लिए इन्होंने देश के वातावरण को विक्षुब्ध भी बनाया है। पर अन्त तक वे पराये नहीं रह सके हैं। उनके देवता तैंतीस करोड़ सिंहासनों में से किसी एक को दखल करके बैठ जाते रहे हैं। और पुराने देवताओं के समान ही श्रद्धाभाजन बन जाते रहे हैं, कभी-कभी अधिक सम्मान भी पा सके हैं। भारतीय संस्कृति की कुछ ऐसी विशेषता रही है कि उन कबीलों, नस्लों और जातियों की भीतरी समाज-व्यवस्था और धर्ममत ने किसी प्रकार का हस्तक्षेप नहीं किया है; और फिर भी उनको सम्पूर्ण भारतीय बना लिया गया है।...भारतीय संस्कृति इतने अतिथियों को अपना सकी थी, इसका कारण यह है कि शुरू से ही उसकी-धर्म साधना वैयक्तिक रही है। प्रत्येक व्यक्ति को अलग से धर्मोपासना का अधिकार है।... इस प्रकार भारतीय संस्कृति ने समस्त जातियों को उनकी सारी विशेषताओं समेत स्वीकार कर लिया। पर अब तक कोई पराया मजहब उसके द्वार पर नहीं आया था। वह उसको हजम करने की शक्ति नहीं रखता था।...भारतवर्ष का विदेशी धर्ममत से—इस्लाम से—एकदम पाला नहीं पड़ा था। उसने कभी यह विश्वास नहीं किया कि उसके आचार और मत को मानने वाली जाति का कुफ्र तोड़ना उसका परम कर्तव्य है। किसी और का परम कर्तव्य यह बात हो सकती है, यह भी उसे नहीं मालूम था। इसीलिए जब नवीन धर्म मत ने सारे संसार के कुफ्र को मिटा देने

की प्रतिज्ञा की और सभी पाये जाने वाले साधनों का उपयोग करना प्रारम्भ किया, तो भारतवर्ष इसे ठीक-ठीक समझ ही नहीं सका। इसीलिए कुछ समय तक उसकी समन्वयात्मिका बुद्धि कुंठित हो गयी। वह विक्षुब्ध-सा हो उठा।''

—कबीर, पृष्ठ 171-180

दूसरी नस्लों, कबीलों, जातियों को, जो बाहर से भारत में आयीं और अपने सामाजिक विश्वासों और धर्ममतों के साथ यहाँ की मुख्यधारा में घुल-मिल गयीं। इस्लाम भारतीय जीवन की मुख्यधारा में क्यों घुल-मिल नहीं सका, आचार्य द्विवेदी की लीक पर ही इसका उत्तर आबिद हुसैन ने अधिक स्पष्ट होकर दिया है। आबिद हुसैन कहते हैं—

''दिल्ली सल्तनत की स्थापना भारत के इतिहास में एक युगान्तरकारी घटना थी। सम्राट हर्ष के आह्वान के बाद पाँच सौ वर्ष में पहली बार देश में कुछ हद तक राजनीतिक एकता स्थापित हुई थी। नये शासक हालाँकि वे विदेशी थे, उन्होंने भारत को ही अपना देश बना लिया। अगर यूनानियों की तरह जो दूसरी शती में बख्तर से आये थे, अपने और अपनी संस्कृति के उद्गम स्थान से बहुत समय तक उनका नाता टूटा रहता अथवा अगर उनकी संस्कृति सीथियन और हूणों की तरह आदिम होती, तो वे हिन्दू समाज में मिलकर एकात्म हो जाते। लेकिन पहले तो वे एक समुन्नत अन्तर्राष्ट्रीय संस्कृति के प्रतिनिधि थे, दूसरे वे भारत से बाहर उस संस्कृति के केन्द्रों से...जिनमें इस्लामिक जगत का राजनीतिक केन्द्र बगदाद भी था—जिसका महत्त्व आज नाम मात्र को रह गया है, बराबर सम्पर्क बनाये रहे। इन कारणों से उन्हें पूरी तरह से भारतीय होने में बहुत समय लगा।''

—राष्ट्रीय संस्कृति, पृं. 78

यह इस्लाम के आगमन का झटका ही था, जिसके नाते जरूरत महसूस हुई कि भारतीय जमीन में जन्मे तथा बाहर के होते हुए भी उस जमीन में घुल-मिल गये धर्म और धर्ममतों को एक प्रशस्ततर धर्ममत के अन्तर्गत लाया जाय। उस समय को आचार्य हजारीप्रसाद द्विवेदी ने अपने ढंग से पुष्ट किया है। 'कबीर' नामक अपनी पुस्तक में वे लिखते हैं—''ऐसा जान पड़ता है कि पहली बार भारतीय मनीषियों को एक संघबद्ध धर्माचार के पालन की जरूरत महसूस हुई। इस्लाम के आने से पहले इस विशाल जन-समूह का कोई एक नाम तक नहीं था। अब उसका नाम 'हिन्दू' पड़ा। 'हिन्दू' अर्थात भारतीय अर्थात् गैरइस्लामी मत। स्पष्ट ही गैरइस्लामी मत में कई तरह के मत थे। कुछ ब्रह्मवादी थे, कुछ कर्मकांडी थे, कुछ शैव थे, कुछ वैष्णव थे, कुछ शाक्त थे, कुछ स्मार्त्त थे तथा और भी न जाने क्या-क्या थे। हजारों योजनों में विस्तृत और हजारों वर्षों में परिव्याप्त इस जन-समूह के विचारों और परम्परा-प्राप्त मतों का एक विशाल जंगल खड़ा था। स्मृति, पुराण, लोकाचार, कुलाचार

की विशाल वनस्थली में से रास्ता निकाल लेना बड़ा दुष्कर कार्य था। स्मार्त्त पंडितों ने इस दुष्कर व्यापार को शिरोधार्य किया। उद्देश्य था कि इस प्रकार का सर्वसम्मत मत निकाल लिया जा सके, श्राद्ध-विवाह की एक ही रीति-नीति प्रचलित हो सके। उत्सव समारोह का एक ही विधान तैयार हो सके। भारतीय मनीषा का, शास्त्रों का आधार मानकर अपनी सबसे बड़ी समस्या के समाधान का यह सबसे बड़ा प्रयत्न था। हेमाद्रि से लेकर कमलाकर और रघुनन्दन तक बहुतेरे पंडितों ने बहुत परिश्रम के बाद जो कुछ निर्णय किया, वह यद्यपि सर्ववादि सम्मत तो नहीं था, किन्तु निःसन्देह स्तुतीभूत शास्त्र वाक्यों की छानबीन से एक बहुत कुछ मिलता-जुलता आचार-प्रवण धर्ममत स्थिर किया जा सका।

निबन्ध ग्रन्थों की यह बहुत बड़ी देन थी। जिस बात को आजकल 'हिन्दू' सोलिडेरिटी कहते हैं, उसका प्रथम भित्ति-स्थापन इन निबन्ध ग्रन्थों द्वारा ही हुआ था।''

—वही, पृ. 181

भारतवर्ष में मुस्लिम शासन पहले दिल्ली सल्तनत के रूप में आया। तदुपरान्त मुगल शासन के रूप में लगभग पाँच सौ वर्षों के समय को अपनी परिधि में लेता है। मुसलमान आक्रमणकारियों के छिटपुट हमले तो सन् 712 ई. से ही शुरू हो गये थे, किन्तु जो काम महमूद गजनबी और मुहम्मद गोरी भी नहीं कर सके, वह गोरी के साथ आये गुलाम ने किया और भारत में मुस्लिम सल्तनत की पहली सही पहचान उसने गुलाम वंश के शासन के द्वारा करायी। लोदियों तक सल्तनत युग रहा। उसके बाद इब्राहीम लोदी को पराजित कर बाबर ने भारत में मुगल साम्राज्य की नींव डाली, जिसका विधिवत अन्त तो पहले सन् 1857 ई. के महाविप्लव की असफलता के साथ बहादुरशाह जफर के पदच्युत होने से हुआ; किन्तु इसमें दरारें औरंगजेब के समय से ही पड़नी शुरू हो गयी थीं। मुस्लिम शासन के इन पाँच सौ वर्षों में जाहिरा तौर पर हिन्दू-मुस्लिम सम्बन्धों को समरस नहीं कहा जा सकता। जरूरी है, कुछ गहराई में जाकर उनका जायजा लिया जाय।

2

उन्नीसवीं सदी का उत्तरार्ध–

(भारतीय समाज तथा साहित्य के इतिहास में आधुनिक काल का उदय)

भारतीय इतिहास में 19वीं सदी का उत्तरार्द्ध अनेक कारणों से महत्त्वपूर्ण है। 19वीं सदी का उत्तरार्द्ध भारतीय इतिहास में एक नये युगारम्भ का सूचक है, आधुनिक युग के आरम्भ का सूचक। यह वह काल है जब भारतीय समाज तमाम मध्यकालीन अवशेष लिए आधुनिक युग में प्रवेश करता है, अपनी चेतना में आधुनिक युग को दस्तकें देते अनुभव करता है। यही वह समय है जब भारतीय भाषाओं के साहित्य में आधुनिक काल का प्रारम्भ होता है। मध्यकालीन दरबारी संस्कृति से नाता तोड़कर 19वीं सदी के इस उत्तरार्द्ध में ही हिन्दी साहित्य आधुनिक चेतना को अंगीकार करता है। इस चेतना के संवाहक बनते हैं—भारतेन्दु बाबू हरिश्चन्द्र, जो स्वयं अपनी चेतना में विद्यमान मध्यकालीन दरबारी संस्कृति के अवशेषों को झाड़ते-फटकारते अपनी सर्जना और विचारों में पहली बार आधुनिक युग-बोध का अहसास कराते हैं। आधुनिक हिन्दी साहित्य के पिता कहलाने का गौरव हासिल करते हैं।

जिसे अंग्रेजों ने या अँगेज-समर्थक इतिहासकारों ने सिपाही-विद्रोह या गदर के रूप में याद किया है; और जिसे अब भारतीय जनता के पहले स्वधीनता-संग्राम के रूप में याद किया जाता है, भारत में अंग्रेजों की राजनीतिक सत्ता को सशस्त्र चुनौती देने वाली वह घटना, इसी उन्नीसवीं सदी के उत्तरार्द्ध में—सन् 1857 ई. में—घटित होती है; यद्यपि भारतीय जनता का यह पहला स्वाधीनता-संग्राम अनेक कारणों से अपनी लक्ष्य-प्राप्ति में असफल होता है; किन्तु भारतीय राजनीति पर उसका प्रभाव पड़ता है, जिसके परिणामस्वरूप भारत में औपनिवेशिक शासन का ढाँचा बदलता है, भारत का राजनीतिक प्रशासन ईस्ट-इंडिया कम्पनी के हाथों से हटकर सीधे ब्रिटेन की साम्राज्ञी विक्टोरिया के हाथों में आ जाता है। सन् 1957 ई. के तल्ख अनुभव औपनिवेशिक शासन को नयी राजनीतिक दिशा देते हैं, जिसके अपने सकारात्मक- नकारात्मक परिणाम होते हैं।

उन्नीसवीं सदी के इस उत्तरार्द्ध में भारतीय समाज में मध्यकालीनता के विरोध में आधुनिक चेतना के दबाव के फलस्वरूप उपजा वह परिदृश्य भी लगभग स्पष्ट होकर सामने आता है, जिसे विद्वानों ने पुनर्जागरण या नवजागरण के रूप में परिभाषित और व्याख्यायित किया है। बंगाल से प्रारम्भ होकर, महाराष्ट्र और दक्षिण भारत में पुनर्जागरण की लहर वहाँ के सामाजिक-सांस्कृतिक जीवन को अपने दायरे में समेटते हुए, कुछ विलंब से हिन्दी प्रदेश में पहुँचती है; किन्तु विलंबित रूप में ही सही नवजागरण के अपने निशान हिन्दी प्रदेश में भी उभरते हैं और एक नये सामाजिक-सांस्कृतिक अभ्युत्थान का रूप हिन्दी प्रदेश के अपने समाज तथा संस्कृति में भी दिखाई पड़ता है।

जैसा कि हमने अभी संकेतिक किया, इस पुनर्जागरण या नवजागरण का स्वरूप समूचे भारत में समरस तथा समस्तरीय नहीं रहा। कालान्तर में उसके अपने अन्तर्विरोध भी सामने आये, जिसके परिणामस्वरूप सकारात्मक पक्षों के साथ उसके नकारात्मक पहलुओं ने भी भारतीय समाज के चिन्तन तथा उसकी गति को प्रभावित किया; किन्तु कुल मिलाकर पुनर्जागरण के सकारात्मक पहलू अधिक बलशाली रहे और उन्होंने भारतीय समाज को, उसकी संस्कृति को, उसके विचारों और उसके आचरण को एक बार भारत के भविष्य के संधान में निश्चित रूप से संयोजित किया। पुनर्जागरण के ये सकारात्मक पहलू थे—मध्यकालीन सामन्ती संस्कारों और विचारों के विरोध में उपजी एक नयी जनतांत्रिक विचार परम्परा, अंन्ध आस्थामूलक धार्मिक चिन्तन की केन्द्रीयता को नकारते हुए सामने आने वाली वैज्ञानिक मानसिकता, जिसके तहत धर्म को भी उसके मानवीय और युगानुरूप सन्दर्भों में व्याख्यायित-विश्लेषित किया गया; एक नया विवेकवाद, एक नया मानववाद तथा ज्ञान-विज्ञान के वैश्विक सन्दर्भों की संगति में भारत और भारतीय समाज के वर्तमान का संस्कार एवं भविष्य का संधान। इनके अलावा अतीत तथा इतिहास के प्रति अन्ध समर्पण या पूजा-भाव के बजाय, उसकी तथ्यपूर्ण तार्किक व्याख्या, एक ऐसा आलोचनात्मक विवेक जिसके तहत अन्ध निष्ठा से हटकर वस्तुओं को उनके अन्तर्विरोधों के साथ देखा और पहचाना जा सके।

हम कह चुके हैं कि 19वीं सदी का उत्तरार्ध भारतीय भाषाओं के साहित्य में आधुनिक युग के उदय का काल भी है। भारतीय भाषाओं के साहित्य में आधुनिक काल की पृष्ठभूमि वस्तुतः भारतीय समाज में आया नवजागरण या पुनर्जागरण का ही परिदृश्य है, जिसके सकारात्मक और नकारात्मक दोनों पहलू भारतीय भाषाओं की आधुनिक रचनाशीलता तथा विचार-परम्परा में देखे जा सकते हैं।

प्रश्न उठता है कि आधुनिक नवजागरण के वे कौन-से अन्तर्विरोधी मुद्दे हैं, जिनकी अभव्यक्ति भारतीय भाषाओं और हिन्दी के आधुनिक कालीन साहित्य में

हुई है, हिन्दी उपन्यास अपने उद्भव के साथ जिनकी अभिव्यक्ति करता है। इस प्रश्न के उत्तर में हमें, संक्षेप में ही सही, नवजागरण या पुनर्जागरण की अन्तर्वस्तु की पड़ताल करनी होगी। यह इसलिए भी जरूरी है, ताकि हम साहित्य की आधुनिक कालीन रचनाशीलता के साथ अपनी सटीक और खरी पहचान बना सकें, उसके दृष्टिगत अन्तर्विरोधों को नवजागरण के अन्तर्विरोधों की संगति में व्याख्यायित कर सकें और इस प्रकार साहित्य में परिव्याप्त अन्तर्विरोधों के स्रोत तक पहुँच सकें।

इस सन्दर्भ में सबसे महत्त्वपूर्ण मुद्दा अतीत या इतिहास की पुनर्व्याख्या का है। अँग्रेज तथा अंग्रेज समर्थक इतिहासकारों ने भारत के अतीत, उसके इतिहास तथा उसके अतीत के समाज तथा संस्कृति के बारे में लगातार जिस झूठ का प्रचार किया था, उसका सारतत्त्व यह था कि जैसे वैश्विक ज्ञान-विज्ञान, सभ्यता और संस्कृति को भारत का कुछ भी प्रदेय न हो, वह असभ्यों, बर्बरों, मूढ़ों और अज्ञानियों का देश हो। औपनिवेशिक शासक इन्हीं तर्कों पर अपने को भारत में सनातन काल तक शासन करने का हकदार मानते थे। यह प्रचार करते थे कि भारत में ज्ञान-विज्ञान के नाम पर जो है, या सभ्यता-संस्कृति के नाम पर जो है, वह उन्हीं की देन है। यही कारण है कि अंग्रेजी शिक्षा-प्राप्त पुनर्जागरण के संवाहक भारतीय बौद्धिकों के समक्ष पहला ज्वलन्त प्रश्न यह था कि भारतीयों को उनकी खोई अस्मिता कैसे मिले, उनके मन में हीनता की जो गाँठ पड़ गयी है, उसे कैसे छुड़ाया जाये? इसी विचार के तहत उन्होंने भारत के अतीत, उसके इतिहास तथा उसकी अपनी सभ्यता तथा संस्कृति की पुनर्व्यवस्था की; और जैसा कि अतीत को गौरवान्वित करके पेशा करने की प्रवृत्ति हर पुनर्जागरण में होती है, उन्होंने भी भारत के अतीत की सभ्यता तथा संस्कृति की गौरवमयी अतिरंजित प्रशंसा की। अतीत की इस व्याख्या का मकसद गोकि वर्तमान को समझना और सँभालना था, फिर भी पुनर्जागरण के कुछ विचारक अतीत को वर्तमान से जोड़ने के बजाय वर्तमान में उससे शक्ति पाने तथा भविष्य के हेतु उसका कारगर उपयोग करने के बजाय अतीत के मुग्ध आराधक बन कर रह गये, और उसी को वर्तमान में लौटा लाने के आग्रही हो उठे। इस प्रकार के मिथ्या भाव से उनका मन जकड़ उठा। गोया विश्व भर में ज्ञान-विज्ञान की जो भी और जितनी भी उपलब्धियाँ हैं, भारत के प्राचीन ऋषियों-महर्षियों ने उन्हें अतीत में ही अर्जित कर लिया था—भारत ही जैसे समूचे विश्व का ज्ञान-गुरु है, उसे कहीं से और किसी से कुछ सीखने की आवश्यकता नहीं है। आवश्यकता है, अतीत को ही वर्तमान में ले आने की। यह पुनरुत्थानवादी समझ पुनर्जागरण के पहले सकारात्मक पहलू के रूप में सामने आयी और इसका टकराव पुनर्जागरण काल की ही उस सोच से हुआ, जिसके अनुसार भारत के लिए जरूरी है कि वर्तमान को समझने तथा उसे युगानुरूप संस्कारित करने में वह अपने अतीत के सार्थक सप्रमाण अंशों

को अपने साथ ले चले; किन्तु अधिक जरूरी यह है कि वह वैश्विक ज्ञान-विज्ञान के उन सन्दर्भों से परिचित हो, जिनके नाते संसार के अन्य देशों ने प्रगति की है; और अपने सार्थक अतीत तथा विश्व के अन्य देशों की उपलब्धियों के बल पर वह अपने वर्तमान का संस्कार करे तथा अपने नये भविष्य का संधान करे। श्रेष्ठ जहाँ भी है उसे स्वीकारा जाय और रूढ़ि, अन्धविश्वास, जकड़न, अविवेक जहाँ भी है, उसे निर्ममतापूर्वक अस्वीकार किया जाय। पुनर्जागरण की इस नई सकारात्मक सोच ने जिस चयनधर्मी विवेक को सम्बल मानने का आह्वान किया, पुनरुत्थानवादी सोच से उसकी सीधी टक्कर हुई। पुनर्जागरण की सकारात्मक सोच के प्रतिनिधि विचारकों ने जहाँ परम्परागत धर्म तथा समाज को युगानुरूप बनाना चाहा, उनके बर्बर, रूढ़िशेष, निर्जीव अंशों का विरोध करते हुए धर्म तथा समाज को एक नया मानवीय रूप प्रदान करना चाहा, पुनरुत्थानवादियों ने न केवल परम्परागत धर्म तथा समाज के आधारों में किसी भी प्रकार के परिवर्तन का विरोध किया, वे दूनी ताकत से परम्परागत धर्म तथा समाज को उसी परम्परागत रूप में स्वीकार किये जाने की मुहिम में जुट गये। हिन्दी की आधुनिक कलीन रचनाशीलता में पुनर्जागरण के इस सबसे महत्त्वपूर्ण अन्तर्विरोध को—बड़ी विस्तृत अभिव्यक्ति मिलती है; हिन्दी के उद्भवकालीन उपन्यास भी जिसका अभिन्न अंग हैं।

भारतीय संस्कृति बनाम पश्चिमी संस्कृति, आर्य समाज बनाम सनातन धर्म, अंग्रेजी बनाम संस्कृत जैसे विचार तथा आचारगत टकराव पुनर्जागरण के इसी पहलू और सर्वाधिक मुख्य अन्तर्विरोध का ही हिस्सा हैं। पुनर्जागरण के इसी अन्तर्विरोध ने आगे चलकर भारत के स्वतन्त्रता आन्दोलन में भी अपने को अभिव्यक्त किया है, जिसके अन्तर्गत आरम्भ से ही एक प्रशस्त राष्ट्रीय सोच के साथ उपर्युक्त पुनरुत्थानवादी सोच बराबर शामिल रही है और कहना न होगा कि भारत के स्वाधीन हो जाने के उपरान्त उसकी अब तक की शासकीय चिन्तनधारा में, राष्ट्रीय नेतृत्व में, जो बराबर बनी हुई है। हिन्दी उपन्यासों के अपने विवेचन में हम अपनी इस स्थापना को पुष्ट करेंगे।

19वीं सदी उत्तरार्द्ध भारत के स्वाधीनता आन्दोलन के उद्भव का काल भी है। 1857 ई. के अंग्रेजों के खिलाफ लड़े गये संग्राम की असफलता का जिक्र हम कर चुके हैं। अंग्रेजों के खिलाफ छेड़ा गया यह सशस्त्र अभियान था, जिसका लक्ष्य था—अंग्रेजों की राजनीतिक सत्ता का उन्मूलन। यह संग्राम यद्यपि मुगलों के अन्तिम बादशाह बहादुरशाह जफर के नेतृत्व में लड़ा गया था, परन्तु अंग्रेजों की कूटनीति से त्रस्त अन्य भारतीय राजाओं और नवाबों ने भी बहादुरशाह से मिलकर अँगेजों के खिलाफ बगावत और विद्रोह का झंडा उठाया था, फिर भी इस संग्राम को लड़ने वाले साधारण भारतीय जनता के बीच से फौज में भर्ती हुए सिपाही थे। अंग्रेजों की

फौज के ये सिपाही अधिकांशतः हिन्दी प्रदेशों की किसान जनता के बेटे थे, जो अँग्रेजों की भूमि-सम्बन्धी नीतियों, जमींदारी प्रथा तथा अन्य दमनकारी नीतियों से त्रस्त होकर अन्ततः अपना गाँव-घर छोड़कर महज रोजी-रोटी कमाने उनकी फौज में भर्ती हुए थे। अपनी जमीन तथा गाँव-घर से उनका सम्पर्क टूटा नहीं था, यही कारण है कि संग्राम की नैतिक असफलता के बावजूद अंग्रेजों के खिलाफ विद्रोह की आग आगे भी उत्तर प्रदेश और बिहार के गाँवों में लम्बे समय तक धधकती रही, अँग्रेज जिसे मुश्किल से काबू कर पाये थे। पुनर्जागरण का एक अन्तर्विरोध या दिलचस्प तथ्य यह है कि पुनर्जागरण में उसके संवाहकों के रूप में जो भी विचारक सामने आये, आधुनिक भारतीय साहित्य का जो भी आरम्भ इस दौर में हुआ, न तो इन विचारकों ने और न ही इस दौर के लेखकों ने 1857 ई. के इस महासंग्राम का उल्लेख अपने वैचारिक या सर्जनात्मक कृतित्व में किया है। यदि उल्लेख हुआ भी है तो उसमें इस महासंग्राम के बारे में आलोचनात्मक या नकारात्मक रुख अपनाया गया है। यही नहीं, पुनर्जागरण प्रेरित धर्म तथा समाज-सुधार अभियानों में ब्रिटिश शासकों से सहयोग की आकांक्षा की गयी है और इस दौर के प्रायः सभी भारतीय भाषाओं के साहित्य में ब्रिटिश साम्राज्य के प्रति भक्ति-भावना भी प्रकट की गयी है, अंग्रेजों के शासन को सुशासन कहा गया है तथा प्रत्यक्ष-अप्रत्यक्ष रूप से मुसलमानों के शासन की आलोचना एवं हिन्दू जातीयता का उद्घोष भी किया गया है।

आवश्यक है कि इस विडम्बना के कारणों पर कुछ विचार किया जाय; कारण कि उद्भव कालीन हिन्दी उपन्यासों में भी यह यथार्थ मौजूद है।

वस्तुतः अंग्रेजी-शिक्षा का प्रारम्भ हो अथवा उसका प्रचार-प्रसार, रेल-मार्ग की शुरुआत हो अथवा यातायात के लिए सड़कें बनाने का कार्य; प्रेस, मशीन, छापाखाना तथा अन्य उद्योगों का प्रारम्भ हो अथवा प्रशासनिक स्तर के अन्य सुधार-कार्यक्रम; नये युग में, आधुनिक युग में भारत के प्रवेश की स्थितियाँ इन्हीं के माध्यम से बनीं और इनकी शुरुआत ब्रिटिश शासकों ने गोकि विशुद्ध रूप से अपने राजनीतिक प्रशासन को सुदृढ़ करने के लिए की, अपने राजनीतिक-आर्थिक स्वार्थों की पूर्ति के लिए की; किन्तु इसका लाभ आमतौर से सभी भारतीयों ने महसूस किया। ढहते हुए मुगल प्रशासन अथवा राजाओं-नवाबों के प्रशासन में व्याप्त जिस अराजकता एवं असुरक्षा की भावना ने आम भारतीयों के मन में अथवा हिन्दू बहुसंख्यकों के मन में राजे-रजवाड़ों के प्रति एक गहरा विक्षोभ पैदा कर रखा था, अँग्रेजों के द्वारा किये गये इन उपायों ने या उनके इस तथाकथित सुशासन ने उन्हें मुसलमानों या राजाओं-सामन्तों की तुलना में अंग्रेजों के प्रशासन को बेहतर मानने की प्रेरणा दी।

दूसरे, भारतीय शिक्षित, बौद्धिक एवं शिक्षित भारतीय जनता, जिसने अँग्रेजी पढ़कर महज अँग्रेज-परस्ती ही नहीं सीखी थी, राष्ट्रीय विचारधारा भी पायी थी,

भारत के आधुनिकीकरण का एक सपना पाया था, विश्व के दूसरे देशों की तरह भारत की भी प्रगति की आकांक्षा पाई थी, उसकी सोच और समझ यह थी कि 1857 ई. जैसे किसी भी संग्राम की सफलता मानो भारत को फिर उसी सामंतवाद, मध्यकाल या राजे-रजवाड़ों के शासन में धकेल देगी; आधुनिक चेतना तथा आधुनिक प्रगति के मार्ग पर वह नहीं बढ़ सकेगा। उदीयमान पूँजीवादी शक्तियाँ, देशी पूँजीवाद नहीं चाहता था कि भारत अब पुनः मध्ययुग के अँधेरे में जाए। वह विज्ञान से साक्षात्कार कर भारत को आधुनिक पूँजीवादी मंजिल की ओर अग्रसर करना चाहता था। पुनर्जागरण के विचारक हों या पुनर्जागरणकालीन साहित्य के लेखक—ये इसी उदीयमान देशी पूँजीपति वर्ग के प्रतिनिधि थे, जो न केवल भारत का आधुनिक औद्योगिक विकास चाहते थे, उस आर्थिक शोषण से भारत की मुक्ति भी चाहते थे, जो औद्योगीकरण के अभाव में ब्रिटिश औपनिवेशिक शासकों द्वारा लम्बे समय से चल रहा था, जिसमें अपने देश का धन विदेश चला जाता था। कपास भारतवर्ष की, किन्तु कपड़ा ब्रिटेन की मिलों का, नफा ब्रिटेन का, भारतीय नवोदित पूँजीपति वर्ग चाहता था कि हमारे देश में ही कल-कारखाने लगें, हमारे देश में ही उपभोक्ता माल तैयार हो ताकि हमारा धन हमारे देश में ही रहे। राजाओं-नवाबों के शासन में भारत का यह औद्योगीकरण या आधुनिकीकरण सम्भव नहीं था, ऐसा वे सोचते थे। 1857 ई. के महासंग्राम के प्रति पुनर्जागरण के विचारकों तथा उस दौर के लेखकों की उपेक्षा या नकारात्मक रुख का एक बहुत बड़ा कारण यह भी है।

हिन्दू जातीयता के स्वरों के पीछे मुसलमानी शासन की स्मृतियाँ तो थी हीं, भारतीय (हिन्दू) संस्कृति के पश्चिमीकरण की ब्रिटिश उपनिवेशवादी शासकों की कोशिशें तथा ईसाई मिशनरियों द्वारा हिन्दुओं का धर्मान्तरण भी था। एक और बात 1857 ई. के महासंग्राम की असफलता के बाद ब्रिटिश शासन की बदली हुई नीतियों से भी सम्बन्ध रखती है। चूँकि 1857 ई. का संग्राम बहादुरशाह जफर के नेतृत्व में, उसी के सत्ता-स्थापन हेतु लड़ा गया था। अतएव संग्राम की असफलता के बाद अंग्रेजों ने एक अर्से तक मुसलमानों के खिलाफ हिन्दुओं का पक्ष लिया, हिन्दुओं को बढ़ावा दिया। दूसरे, हिन्दुस्तान का शासन ईस्ट इंडिया कम्पनी के हाथों से अलग होकर सीधे ब्रिटेन की महारानी विक्टोरिया के हाथ में आ गया और 1857 ई. के संग्राम में विजयी होने के उपरान्त, अपने हाथों में प्रशासन की बागडोर लेते हुए विक्टोरिया ने भारत की अपनी प्रजा के नाम एक सन्देश भी भेजा, जिसे महारानी विक्टोरिया का घोषणा-पत्र कहते हैं। इस सन्देश में भारतीय प्रजा के साथ किसी भी प्रकार का भेदभाव न करने, उसके हित की चिन्ता करने तथा उसकी न्यायोचित सभी माँगें मानने का आश्वासन उसे किया गया था। महारानी विक्टोरिया के इस घोषणा-पत्र ने पढ़े-लिखे आम भारतीयों के मन में यह भावना बैठा दी कि उसके

साथ न्याय होगा, महारानी अपनी भारतीय प्रजा के साथ उसके सुख-दुख में शरीक हैं, अँग्रेजों का राज्य उनके आम हित में है। कालान्तर में भारतीय जनता का मोहभंग हुआ; किन्तु पुनर्जागरण के विचारकों तथा उस दौर के लेखकों को राजभक्ति का एक अन्य महत्त्वपूर्ण कारण यह परिदृश्य भी है।

अब हम उन्नीसवीं सदी उत्तरार्द्ध के एक अन्य महत्त्वपूर्ण पक्ष की चर्चा करेंगे; और वह समस्त भारतीय भाषाओं के साहित्य के आधुनिक युग में प्रवेश के साथ सामने आने वाला गद्य का स्वरूप है। आधुनिक काल के पहले साहित्यिक अभिव्यक्ति का माध्यम पद्य था; और भाषा पद्य की भाषा थी, कविता की भाषा थी। किन्तु 19वीं सदी उत्तरार्द्ध का जटिल सामाजिक परिवेश, जिस नये और संश्लिष्ट यथार्थ को लेकर सामने आया, पुनर्जागरण के दौर में वर्तमान के संस्कार एवं भविष्य के संधान के जो कार्यक्रम उभरे, वैज्ञानिक आविष्कारों एवं औद्योगीकरण की शुरुआत के साथ समाज में जिस नए मध्यवर्ग का उदय हुआ, चले आते सामाजिक-सम्बन्धों एवं मानवीय नाते-रिश्तों में जो बदलाव आया तथा पुनर्जागरण के अपने अन्तर्विरोधों के चलते विचारों के क्षेत्र में जो टकराव हुए, इन सबको सार्थक और समर्थ अभिव्यक्ति दे सकने के हेतु एक नई भाषा की जरूरत महसूस हुई। 19वीं सदी के उत्तरार्द्ध में उपजा गद्य और इस गद्य के साथ सामने आयी गद्य-भाषा, 19वीं सदी उत्तरार्द्ध के साहित्यिक-सांस्कृतिक परिदृश्य की सबसे महत्त्वपूर्ण घटना है। यह गद्य और यह गद्य-भाषा अपने युग की ऐतिहासिक माँग के तहत सामने आयी। यही कारण है कि आचार्य शुक्ल ने अपने हिन्दी साहित्य के इतिहास में आधुनिक काल को गद्य-काल का नाम दिया है।

छापेखाने का आविष्कार हो ही चुका था। गद्य और गद्य-भाषा के आविर्भाव के साथ पत्र-पत्रिकाओं के माध्यम से सामने आयी गद्य की अनेक विधाएँ—कहानी, निबन्ध, रिपोर्ताज, संस्मरण, रेखाचित्र, आलोचना; और इन सबके साथ सामने आया उपन्यास—अपने समय के पेचीदे यथार्थ को, मानव जीवन की अन्तर्गथित जटिलता को समग्रता में अभिव्यक्ति देने वाला नवयुग का महाकाव्य। पश्चिम में उपन्यास को मध्यवर्ग की बहुत बड़ी देन माना गया है। उसे उसकी साहित्यिक अभिव्यक्ति का महाकाव्य कहा गया है। प्रायः सभी भारतीय भाषाओं के साहित्य के आधुनिक काल में गद्य-भाषा और महाकाव्य का उद्भव देख पड़ता है। हिन्दी में भी उपन्यास 19वीं सदी के अन्तिम चरण में आया। समग्रतः कहना चाहें तो कह सकते हैं कि अन्य भारतीय भाषाओं की भाँति हिन्दी में भी उपन्यास, आधुनिक युग की, औद्योगिक युग के प्रारम्भ की, गद्य और गद्य-भाषा की महत्त्वपूर्ण देन है। नवजागरण या पुनर्जागरण की सकारात्मक-नकारात्मक दोनों मुद्राएँ उसमें प्रतिबिम्बित हैं, उस युग के यथार्थ को उसमें अभिव्यक्ति मिली है। वह आगे की तमाम सम्भावनाओं को लेकर हमसे मुखतिब होता है।

3
राष्ट्रीय मुक्ति-आन्दोलन का चरित्र

(क) प्रस्तावना

सन् 1885 ई. में कांग्रेस की स्थापना के साथ स्वाधीनता आन्दोलन का जो दौर आरम्भ होता है, आधुनिक भारतीय नवजागरण की कोख से जन्मा वह स्वाधीनता आन्दोलन है, जिसकी परिसमाप्ति सन् 1947 ई. में देश-विभाजन की पृष्ठभूमि में औपनिवेशिक दासता से भारत की राजनीतिक स्वाधीनता में होती है।

औपनिवेशिक दासता से भारतीयों के सशस्त्र प्रतिरोध से जुड़ा मुक्ति-अभियान कुछ वस्तुगत कारणों के चलते भले ही असफल हो गया हो, उपनिवेशवादी शासकों को उसने यह समझ जरूर दी कि यदि भारत में लम्बे समय तक अपनी राजनीतिक सत्ता को बनाये रखना है, तो भारतीयों के हृदय को भी जीतना होगा। इसी समझ के चलते, भारत की राजनीतिक सत्ता की जो बागडोर अब तक ईस्ट इंडिया कम्पनी के हाथों में था, 1857 ई. के बाद वह सीधे ब्रिटेन की महारानी विक्टोरिया के हाथों में आ गयी। विक्टोरिया ने एक विज्ञप्ति निकालकर भारतीयों को आश्वस्त किया कि भविष्य में उनके साथ न्याय होगा और उनकी शिकायतें दूर की जायेंगी। विक्टोरिया की इस घोषणा का शिक्षित-अभिजात भारतीयों के मन पर गहरा प्रभाव पड़ा और उनमें यह भोला विश्वास भी जागा कि भविष्य में उनके जायज अधिकार उन्हें प्राप्त होंगे। न केवल नवजागरण के सूत्रधार भारतीय बौद्धिक विक्टोरिया के घोषणा-पत्र से प्रभावित हुए, आगे का स्वाधीनता-संग्राम जिनके नेतृत्व में चला, वे भी ब्रिटिश शासन के अन्तर्गत ही, लम्बे समय तक अपने सुनहले भविष्य का सपना देखते रहे।

वस्तुतः शिक्षित भारतीयों को तुष्ट करने तथा भारतीयों और ब्रिटिश प्रशासन के बीच संवाद कायम करने के हेतु अंग्रेज अफसरों की पहल पर ही सन् 1885 ई. में कांग्रेस की स्थापना हुई, जो आगे चलकर एक ऐसा मंच बनी, जिसके तहत भारत की स्वाधीनता की लड़ाई लड़ी गयी। 'इंडियन नेशनल कांग्रेस' की स्थापना में दो अंग्रेज अफसर ए. ओ. ह्यूम तथा वेडर बर्न थे। स्वयं इनके वक्तव्य कांग्रेस की

स्थापना के इनके मकसद को स्पष्ट कर देते हैं–

"हमारी अपनी हरकतों से जो विशाल और बढ़ती हुई शक्तियाँ यहाँ पैदा हो गयी थीं, उनके समूचे जोश को, बिना हमें कोई नुकसान पहुँचाए, निकाल देने लिए एक साधन की जरूरत थी, और इस काम के लिए हमारे कांग्रेस आन्दोलन से ज्यादा कारगर कोई साधन नहीं बनाया जा सकता था।"

(वेडर बर्न : उद्धृत–आज का भारत–रजनी पामदत्त)

रजनी पामदत्त ने अपनी पुस्तक में कांग्रेस के नेतृत्व में शुरू हुए इस आन्दोलन को दुहरे चरित्र वाला आन्दोलन कहते हैं। एक ओर जनता को सन्तुष्ट करने के लिए जनहित से जुड़े मुद्दे उठाना, साथ ही ब्रिटिश साम्राज्य के प्रति भक्तिभाव बनाये रखना। लम्बे समय तक कांग्रेस के नेतृत्व में आरम्भ हुए स्वाधीनता आन्दोलन का यही दुहरा चरित्र रहा। उनके शब्दों में–"राष्ट्रीय कांग्रेस की स्थापना के समय से ही कांग्रेस का जो दुहरा चरित्र सामने आया था, कांग्रेस के बाद के इतिहास के लिए भी उसका बहुत महत्त्व था। उसकी भूमिका का यह दोरंगापन उसके समूचे इतिहास में बना रहा। एक तरफ तो वह जन-आन्दोलन के 'खतरे' से बचने के लिए साम्राज्यवाद के साथ सहयोग करती थी, और दूसरी ओर वह राष्ट्रीय संघर्ष में जनता का नेतृत्व करती थी। कांग्रेस के चरित्र का यह दोहरापन पुराने युग के गोखले से लेकर नये युग के नेता गोखले के शिष्य गाँधी तक के नेतृत्व के अन्तर्विरोधों में मिलता है।...यह दोहरापन भारतीय पूँजीपति वर्ग की दोरंगी या ढुलमुल भूमिका का परिचायक है। भारत के पूँजीपति के हितों का टकराव ब्रिटिश पूँजीपति वर्ग के हितों से होता है, इसलिए वह भारतीय जनता का नेतृत्व तो करना चाहता है, पर उसे सदा यह आशंका भी रहती है कि जन आन्दोलन की रफ्तार कहीं इतनी तेज न हो जाय कि साम्राज्यवादियों के साथ-साथ उनके भी विशेषाधिकार समाप्त कर दिये जायें। जैसे-जैसे राष्ट्रीय आन्दोलन का विकास जनता को आधार बनाकर होगा और आन्दोलन का हित उन हितों के विरुद्ध होगा, जो साम्राज्यवादी हित हैं या साम्राज्यवादियों से सहयोग करने के इच्छुक विशेषाधिकार प्राप्त वर्ग के हित हैं, वैसे-वैसे यह विसंगति अन्तिम तौर पर हल होती जायेगी।"

(वही, आज का भारत, पृष्ठ 328, मैकमिलन कम्पनी, दिल्ली)

वस्तुतः राष्ट्रीय कांग्रेस का नेतृत्व जिन शिक्षित भारतीयों से निर्मित था, वे जैसा कि हम कह चुके हैं, भारत के नवोदित पूँजीपति वर्ग के प्रवक्ता थे। अपने आर्थिक हितों की वे न केवल सुरक्षा चाहते थे, उन्हें विकसित भी करना चाहते थे। वे जानते थे कि जिस प्रकार के 'सुव्यवस्थित' शासन (अंग्रेजों से पहले के मुगल-सामन्ती शासन की तुलना में) का सूत्रपात अंग्रेजों ने किया है, उसी के तहत उसके आर्थिक हित सुरक्षित रह सकते हैं। उनकी शिकायत औपनिवेशिक शासन के आर्थिक शोषण से

थी, और इसे दूर करने के लिए वे प्रशासन में भारतीयों की भागीदारी चाहते थे। जैसा कि कहा गया है अपनी स्थापना के बाद के दो दशकों में राष्ट्रीय कांग्रेस ने कभी भी स्वराज की बुनियादी माँग नहीं की। यदि कांग्रेस की कोई माँग थी तो यही कि प्रशासन में भारतीयों की हिस्सेदारी हो, प्रशासन अंग्रेज सरकार की ही रहे।

किन्तु कांग्रेस के नेतृत्व का यह बहम कि अंग्रेज उन्हें प्रशासन में हिस्सेदारी देंगे तथा अपने शोषण चक्र को बन्द करेंगे, शीघ्र ही टूट गया। साम्राज्यवादी शासकों से हुए इस मोहभंग ने कांग्रेस में एक नए नेतृत्व को जन्म दिया, जो पहले नेतृत्व की चापलूसी और समझौतावाद के विपरीत साम्राज्यवादी शासन के प्रति अधिक उग्र होकर समाने आया। पिछले नरमदली नेतृत्व के विपरीत इस नए नेतृत्व को गरमदली नेतृत्व के रूप में पहचाना गया। बाल गंगाधर तिलक इस गरमदलीय नेतृत्व के प्रतिनिधि थे, जबकि नरमदलीय नेतृत्व के अन्तर्गत फीरोजशाह मेहता तथा गोपालकृष्ण गोखले आदि की सक्रियता थी। बंगाल के अरविन्द घोष, पंजाब के लाला लाजपत राय तथा बंगाल के ही विपिनचन्द्र पाल साम्राज्यवाद से सीधे प्रतिरोध की राजनीति में तिलक के सहयोगी बने।

किन्तु तमाम आक्रामक उग्रता के बावजूद यह गरमदली नेतृत्व किसी बड़े जनाधार से वंचित था। किसान-मजदूरों के अपने हितों से भी इस वर्ग का कोई खास सम्बन्ध नहीं था। जनाधार के न होने का ही परिणाम था कि तिलक आदि की उग्र राजनीति अधिकाधिक दक्षिणपंथी और संकीर्ण होती गयी। रजनी पामदत्त ने बहुत सही लिखा है—''समाज तथा राजनीति के किसी वैज्ञानिक सिद्धान्त से कटे होने के कारण इन नये नेताओं ने नरमदली नेताओं की समझौतावादी और प्रभावहीन राजनीति का कारण यह समझा कि पुराने नेताओं में राष्ट्रीयता का अभाव है और उनके अन्तर्गत पश्चिमी रंग-ढंग की प्रवृत्तियाँ हैं। इसलिए नये नेताओं ने अपने प्रहार का निशाना इन प्रवृत्तियों को बनाया। इस प्रकार इन नेताओं ने गरमदली नेताओं की ठीक उन्हीं बातों की आलोचना की, जो सचमुच में प्रगतिशील बातें थीं। इनके मुकाबले में उन्होंने राष्ट्रीय आन्दोलन को सामाजिक रूढ़िवाद की उन प्रवृत्तियों पर खड़ा करना चाहा, जो भारत में अब भी बहुत शक्तिशाली थीं। उन्होंने राष्ट्रीय आन्दोलन के निर्माण के लिए कट्टर हिन्दुत्व का सहारा लिया और इस मान्यता को बल दिया कि आधुनिक 'पश्चिमी सभ्यता' की तुलना में प्राचीन हिन्दू या आर्य सभ्यता आध्यात्मिक दृष्टि से श्रेष्ठ है। उन्होंने भारत के सर्वाधिक प्रगतिशील आन्दोलन अर्थात् राष्ट्रीय आन्दोलन को पुरातनपंथी धर्म और धार्मिक अन्धविश्वास की नींव पर खड़ा करना चाहा। इस युग से ही भारत में उग्रवादी राजनीति और सामाजिक प्रतिक्रियावाद का घातक गठजोड़ हुआ, जिसका राष्ट्रीय आन्दोलन के लिए बेहद विध्वंसकारी परिणाम हुआ।''

—वही—पृष्ठ 336

इस उग्र अथवा गरमदली राजनीतिक नेतृत्व ने ब्रिटिश सरकार और साम्राज्यवाद-विरोध के नाम पर हर ऐसे कदम का विरोध किया, सामाजिक दृष्टिकोण से जिसके परिणाम भारतीय जनता के लिए शुभ हो सकते थे। 'एज आफ कंसेण्ट बिल, का विरोध एक उदाहरण है जिसमें कहा गया था कि लड़की की उम्र दस के बजाय बारह हो जाने के बाद ही उसका पति उसके साथ सहवास कर सकता है। तिलक ने इस संशोधन का विरोध किया। कालांतर में उन्होंने गोरक्षा-समिति भी बनाई। मराठा नायक शिवाजी तथा गणेश के नाम पर वार्षिक उत्सवों की भी शुरुआत उन्होंने की। इन्हीं की देखादेखी बंगाल में काली पूजा की शुरुआत हुई।

वस्तुतः प्रश्न यह नहीं है कि तिलक और उनकी-सी सोच वाले नेताओं का राजनीतिक आन्दोलन में हिन्दूधर्म के इन तत्त्वों का इस्तेमाल कहाँ तक ठीक या गलत था। यह सही है कि धर्म को सामने लाकर साम्राज्यवाद के विरुद्ध साधारण जनता को लामबंद किया गया; किन्तु सवाल यह भी है; कि धर्म को, खासतौर से बहुसंख्यक जनता के धर्म और धार्मिक विश्वासों को सामने लाकर क्या भारत जैसे अनेक धर्मों वाले देश में व्यापक राष्ट्रीय आन्दोलन खड़ा किया जा सकता था! हुआ भी यही! राष्ट्रीय आन्दोलन में हिन्दू धर्म के इस इस्तेमाल ने जहाँ एक स्तर पर उसके पीछे हिन्दू जनता को लामबंद किया, वहीं दूसरे स्तर पर मुसलमान जनता को उससे अलग भी किया।

इस स्थिति के और भी दुष्परिणाम सामने आए। अपेक्षाकृत अधिक उग्रपंथी नेताओं द्वारा हर तरह के सामाजिक तथा वैज्ञानिक विकास की भर्त्सना की जाने लगी और हर तरह की पुरानी बातों को सम्मान दिया जाने लगा। यहाँ तक कि बुरी प्रथाओं, स्वेच्छाचारिता और अंधविश्वासों को भी श्रद्धा और सम्मान दिया जाने लगा।

यही वजह थी कि जनता के ये जुझारू नेता, जिनमें से अनेक काफी निडर और निष्ठावान थे और जो अतीत के अवशेषों से लोगों को दूर खींचकर मुक्ति और समझदारी के रास्ते पर आगे बढ़ा सकते थे, व्यवहार में सामाजिक कुरीतियों और अंधविश्वासों के समर्थक बन गये; जाति-पाँति पर रहस्यवादी राष्ट्रीय भावना के नाम पर उन्होंने उन सामाजिक और विचारधारात्मक पुरानी बेड़ियों को बनाए रखने की कोशिश की, जो अंग्रेजों के आने से पूर्व यहाँ मौजूद थीं।

इस स्थिति का एक और दुष्परिणाम हुआ। राष्ट्रीय आन्दोलन के अनेक नेता, जो सचमुच साम्राज्यवाद-विरोधी थे, किन्तु जिनका विवेक अतीत के इन ध्वंसावशेषों को राष्ट्रीय आन्दोलन में इस्तेमाल किये जाने के पक्ष में नहीं था, वे राष्ट्रीय आन्दोलन की मुख्य धारा से हटते गये। पं. मोतीलाल नेहरू ऐसे लोगों में अग्रणी थे।

एक और बात भी थी। धर्म और धर्म के प्रतीकों का इस्तेमाल कर जनता को

उसकी भावना उभार कर इकट्ठा कर लेना एक बात है, और उस जनता की भौतिक खुशहाली के लिए कार्यक्रम तथा योजनाएँ बनाना दूसरी बात है। उग्रपंथी नेताओं के पास जोशीली भाषा तो थी, किन्तु साम्राज्यवादी सत्ता से निपटने तथा आम जनता की भौतिक समस्याओं को हल करने का कोई व्यावहारिक कार्यक्रम नहीं था।

अंततः सन् 1907 में कांग्रेस सूरत में दो टुकड़ों में बँट गयी। नरम दल का नेतृत्व गोपाल कृष्ण गोखले ने सँभाला और गरमदल का नेतृत्व तिलक के हाथों में आया। यद्यपि अंततः सन् 1916 में पुनः दोनों घटक एक हो गये; किन्तु यह एकता स्थायी नहीं रही और अंततः नरम दल के लोग कांग्रेस से अलग हो गये। उन्होंने अपना नया संगठन बनाया, जिसका नाम रखा—लिबरल फैडरेशन।

राष्ट्रीय आन्दोलन की संपूर्ण गतिविधियों या विकास का इतिवृत्त देना हमारा लक्ष्य नहीं है। हमारा तात्पर्य राष्ट्रीय नवजागरण की भाँति स्वाधीनता आन्दोलन के उस अंतर्विरोधी चरित्र को उजागर करना है, जिसके चलते सांप्रदायिकता के बीज उन्नीसवीं सदी उत्तरार्ध से ही हमारे राजनीतिक-सामाजिक जीवन में पड़े, जिसका पल्लवन आगे के वर्षों में हुआ।

राष्ट्रीय कांग्रेस की स्थापना के बाद के लगभग 20 वर्षों तक तो राष्ट्रीय कांग्रेस मुख्यतः औपनिवेशिक शासन की ताबेदारी निभाती रही; किन्तु शनैः-शनैः कांग्रेस का एक जनाधार भी विकसित हुआ। यह जनाधार तिलक ने अपने तरीकों से और दक्षिण अफ्रीका से वापस लौटने के बाद गाँधी जी ने अपने तरीकों से विकसित किया।

सन् 1919 ई. के आसपास देश की नियति में विशेष बदलाव दिखाई पड़ा। साम्राज्यवादी शासकों के दमन-चक्र के परिणामस्वरूप इस देश के मजदूर वर्ग में एकजुटता आई और समूचे देश में मजदूर-हड़तालों का एक सिलसिला चला। परिणामतः जनता धर्म और जाति के भेदभाव भुलाकर एक जुट हुई। महात्मा गाँधी ने राष्ट्रीय आन्दोलन का नेतृत्व करते हुए उसे अपने रास्ते पर आगे बढ़ाया जरूर; किन्तु साधारण जनता की आशाएँ-आकांक्षाएँ पूरी नहीं हो सकीं।

(ख) साम्प्रदायिक राजनीति का उभार

हम कह चुके हैं कि साम्प्रदायिकता की समस्या, जैसी कि वह आज है, आधुनिक युग की देन है और इसके पीछे नवजागरण तथा राष्ट्रीय स्वाधीनता आन्दोलन के अपने अंतविर्रोधों के अलावा अंग्रेजों की प्रसिद्ध 'फूट डालो-राज करो' की वह नीति है, जिसे उन्होंने बराबर जारी रखा। सम्भव है नवजागरण तथा मुक्ति-आन्दोलन की हिन्दूवादी परिणति न होती, तो यह नीति कारगर न होती, किन्तु हिन्दूवाद के जो संस्कार जाने-अनजाने नवजागरण तथा स्वाधीनता-आन्दोलन में आये, उनके चलते

धर्म के आधार पर हिन्दू-मुसलमानों को बाँटने में अंग्रेजों को सुविधा और सरलता हुई। उन्होंने ऐसा किया भी। 19वीं सदी के ये दो उद्धरण सूचित करते हैं कि किस प्रकार 'फूट डालो—राज करो' की नीति अंग्रेजों के जेहन में प्रारम्भ से ही थी।

1. "हमारी कोशिश यह होनी चाहिए कि हम पूरी ताकत के साथ विभिन्न धर्मों और जातियों के बीच मौजूदा भेदभाव बना रहने दें। हमें यह भेदभाव समाप्त करने की कोशिश नहीं करनी चाहिए। 'फूट डालो—राज करो' ही भारतीय सरकार का सिद्धांत होना चाहिए।"

2. "सच्चाई यह है कि भारत में एक-दूसरे की विरोधी जातियों का साथ-साथ रहना ही हमारी राजनीतिक स्थिति के लिए एक ठोस-आधार प्रस्तुत करता है।"

—सर जॉन स्ट्रैशी—INDIA-1888- पृष्ठ 255।

कारण तमाम हैं, किन्तु यह सच्चाई है कि समूचे देश में मुसलमानों की तुलना में शिक्षा-व्यापार आदि में हिन्दू आगे ही रहे हैं। मुसलमानों का जो भी प्रतिशत हो—वे आर्थिक, सामाजिक और शैक्षिक दृष्टि में हिन्दुओं से सदैव पिछड़े रहे। अंग्रेजों ने मुसलमानों में पिछड़ेपन के इस त्रास को पहचाना और बजाय इसके कि वे उसके सामाजिक, शैक्षिक और आर्थिक अभ्युत्थान के लिए गंभीर प्रयास करते, उन्होंने एक तजबीज की और वह यह कि मुसलमान जनता के अलग निर्वाचन की माँग का समर्थन करना। जैसा कि नवजागरण की चर्चा करते हुए हम कह आये हैं कि सर सैयद अहमद खाँ ने मुसलमानों को आधुनिक जीवन धारा में शामिल करने के गंभीर प्रयास किया। वे सैयद अहमद जो किसी समय हिन्दू-मुस्लिम एकता के कट्टर समर्थक थे, बाद में कैसे अंग्रेज परस्त बन गये, हम उसे भी बता चुके हैं। 1890 में जब सर सैयद ने मुसलमानों के लिए विशेष अधिकारों और पदों की माँग की थी, जिम्मेदार मुसलमानों ने उसका विरोध किया था, किन्तु कालान्तर में मुस्लिम अलगाव की यह माँग बढ़ती गयी—अंग्रेज सरकार ने उसे अपना समर्थन दिया। कभी वह हिन्दुओं का पक्ष लेकर मुसलमानों को उकसाती रही; और कभी मुसलमानों का पक्ष लेकर हिन्दुओं को।

अंग्रेजों ने अलगाव की—हिन्दू मुस्लिम अलगाव की, उस नीति को मुसलमानों के लिए अलग निर्वाचन की व्यवस्था करते हुए चुनावों पर लागू किया; दोनों धार्मिक समुदायों को प्रशासन के लगभग हर आयाम पर अलग करने की सुनियोजित नीति अपनायी गई।

(ग) मुस्लिम लीग का जन्म

भारत में मुस्लिम लीग की स्थापना सन् 1906 में हुई। राष्ट्रीय कांग्रेस की स्थापना भी, जैसा कि हम देख चुके हैं, अंग्रेजों की प्रेरणा से, उन्हीं की अफसरशाही के

योगदान से हुई थी। तब यह लक्ष्य था कि भारतीयों के मन में ब्रिटिश शासन के प्रति जो भड़ाँस है, उसे निकालने का आधार तैयार किया जाय, ताकि असंतोष उग्र न हो और ब्रिटिश प्रशासन चलता रहे। मुस्लिम लीग की स्थापना भी अंग्रेजों के प्रयास से ही हुई और इस बार उद्देश्य यह था कि मुसलमानों का अलग राजनीतिक संगठन बन जाय, तो राष्ट्रीय आन्दोलन को आसानी से छिन्न-भिन्न किया जा सकता है। लेडी मिण्टो का यह कथन लीग की स्थापना के पीछे साम्राज्यवादी शासकों के इरादों को बेनकाब कर देता है–

"महामहिम की सेवा में मुझे यह कहना है कि आज एक बहुत बड़ी घटना हो गयी है। राजनीतिक निपुणता का आज एक ऐसा कमाल हो गया है, जो आगे आने वाले कई वर्षों तक भारत को और भारत की राजनीति को प्रभावित करेगा। दरअसल, आज जो काम हुआ है, उससे छः करोड़ बीस लाख लोगों की (मुसलमानों को) देशद्रोही विपक्ष (कांग्रेस) से मिलने से रोक दिया गया है।" (लेडी मिण्टो–INDIA MINTO AND MARLE-1934 पृष्ठ-47)

प्रारंभ में मुस्लिम लीग ने बड़े मुसलमान जमींदारों को ही अपनी ओर आकर्षित किया; किन्तु शनैः-शनैः उसमें साधारण मुसलमान जनता की भी दिलचस्पी बढ़ी और मुस्लिम लीग भी साम्राज्यवाद विरोधी अभियान में अपनी तरह से शामिल हो गयी। उसने भी कांग्रेस की तरह 'साम्राज्यवाद के भीतर स्वराज्य' का लक्ष्य अपनाया और दूसरे संप्रदायों के साथ इस उद्देश्य में सहयोग की पहल की थी। 1916 तक लीग और कांग्रेस दोनों का इस आधार पर समझौता हो गया कि अलग-अलग चुनाव-क्षेत्रों की व्यवस्था को स्वीकार करने के साथ-साथ दोनों संस्थाओं का लक्ष्य भारत को डोमिनियन का दर्जा दिलाना है। इसके लिए दोनों संस्थाएँ प्रयास करेंगी।

दोनों संस्थाओं का संयुक्त अधिवेशन लखनऊ में हुआ। कांग्रेस अधिवेशन में तिलक ने घोषित किया कि "कुछ लोगों द्वारा यह कहा जाता है कि हम हिन्दू लोग अपने मुसलमान भाइयों के सामने बहुत अधिक झुक गये हैं। मेरा विश्वास है कि मैं देश भर के हिन्दुओं की ओर से कह सकता हूँ कि यह कहना गलत है कि हम जरूरत से ज्यादा झुक गए हैं... जब हमें किसी तीसरे पक्ष से लड़ना हो तो यह बहुत बड़ी बात है; यह बहुत महत्त्वपूर्ण घटना है कि आज हम इस मंच पर एक साथ खड़े हुए हैं। हम नस्ल, धर्म, तथा राजनीतिक विचारों के सभी भेदभाव भूलकर यहाँ इकट्ठे हुए हैं।"

दूसरी तरफ लीग के मंच से मुहम्मद अली जिन्ना ने घोषित किया कि "मैं पूरी जिन्दगी कट्टर कांग्रेसी रहा हूँ। साम्प्रदायिक नारों से मेरा क़भी लगाव नहीं रहा। लेकिन मुझे ऐसा लगता है कि मुसलमानों पर अलगाव का कभी-कभी जो आरोप लगता है–लगाया जाता है, वह बिल्कुल गलत है। खासतौर पर जब मैं यह देखता

हूँ कि यह महान साम्प्रदायिक संगठन एक संयुक्त भारत के जन्म के लिए बड़ी तेजी के साथ एक ताकत बनता जा रहा है, तो ये आरोप मुझे और भी गलत लगते हैं।''

खिलाफत आन्दोलन के चलते हिन्दू-मुस्लिम भाईचारे की जबर्दस्त लहर सारे देश में व्याप्त हुई। हिन्दू नेताओं के साथ मिल-जुलकर मुस्लिम नेताओं ने भी साम्राज्यवाद के खिलाफ संघर्ष में जुझारूपन का परिचय दिया। स्वराज शब्द की व्याख्या पूर्ण स्वाधीनता के रूप में की जाय, यह सुझाव सबसे पहले वस्तुतः खिलाफत कमेटी के द्वारा ही सामने आया। उस समय गाँधी जी ने 'गैर जिम्मेदाराना' कहते हुए इस सुझाव का विरोध भी किया था। 1919 में मुस्लिम लीग ने अमृतसर में यह प्रस्ताव भी पारित किया कि मुसलमानों को अंग्रेजों की फौज में नहीं भरती होना चाहिए।

किन्तु कांग्रेस और खिलाफत कमेटी की एकता ज्यादा दिन नहीं चली। गाँधी द्वारा असहयोग आन्दोलन बन्द कर दिए जाने से खिलाफत नेता असन्तुष्ट हुए और उसका परिणाम यह हुआ कि कांग्रेस तथा मुस्लिम लीग, जिन्होंने अभी एक मंच से संयुक्त भारत के लिए संघर्ष करने का ऐलान किया था, एक-दूसरे से न केवल दूर होते गए, दोनों में वैरभाव भी बढ़ता गया। बाद के वर्षों में यह देखा गया कि जहाँ आजादी के लिए मिलजुल कर संघर्ष होता था, वहाँ अब साम्प्रदायिक दंगे होने लगे। 1925 में मुस्लिम लीग के विरोध में अखिल भारतीय पैमाने पर हिन्दू महासभा का गठन किया गया, जिसके अध्यक्ष लाला लाजपतराय चुने गये। बाद का इतिहास लगभग हर मोर्चे पर कांग्रेस और मुस्लिम लीग के परस्पर संघर्ष का इतिहास है, औपनिवेशिक शासकों ने अपने हित में जिसका भरपूर फायदा उठाया। मुस्लिम लीग कालान्तर में मुसलमानों का सबसे विशाल संगठित बनी और साधारण मुसलमान जनता भी बड़ी तादाद में उसकी ओर खिंची। मुस्लिम लीग की इस लोकप्रियता के अनेक कारण हैं—मसलन साधारण मुसलमानों के मन में राजनीतिक चेतना का जगना, नौजवान मुसलमानों की लीग में शामिल होकर लीग की नीतियों को प्रभावित करना। एक महत्त्वपूर्ण कारण यह भी है कि 'मुस्लिम लीग का जनता के बीच जो व्यापक प्रभाव बढ़ा और कांग्रेस संगठन में जो बहुत कम मुसलमान आए, उससे निःसन्देह रूप से कांग्रेस से कुछ राजनीतिक संगठनात्मक और कार्यनीति सम्बन्धी कमजोरियाँ भी थीं। सरहदी सूबे में जहाँ कांग्रेस का मुसलमानों के बीच अच्छा-खासा समर्थन था, कांग्रेस ने कभी गम्भीरतापूर्वक वहाँ पहुँचने की कोशिश नहीं की। यह भी सही है कि कांग्रेस का कार्यक्रम हालाँकि असाम्प्रदायिक था, और इस संगठन में अनेक प्रमुख देशभक्त मुसलमान शामिल थे; फिर भी, कांग्रेस के काफी प्रचार में, खासतौर पर दक्षिणपंथी नेताओं और गाँधी जी के प्रचार में हिन्दू धर्म की एक गंध बनी रहती थी, जो मुसलमान जनता को कांग्रेस की ओर आकर्षित होने से रोक देती थी।

रजनी पामदत्त ने ठीक ही लिखा है कि ''राष्ट्रीय आन्दोलन के प्रमुख नेताओं पर इसकी बहुत गम्भीर जिम्मेदारी है। हमने पहले ही देखा है कि युद्ध के पूर्व भारत में राष्ट्रीय जागरण की जो पहली बड़ी लहर आई थी, उसमें तिलक, अरविंद घोष तथा अन्य जुझारू नेताओं ने हिन्दू धर्म के अपने प्रचार का आधार बनाया था और इस बात की कोशिश की थी कि राष्ट्रीय जागरण को हिन्दू धर्म के पुनरुत्थान के साथ मिला दिया जाय। इसका नतीजा यह हुआ कि मुस्लिम जनता राष्ट्रीय आन्दोलन की धारा से अलग पड़ गयी और सरकार को इस बात का अवसर मिल गया कि वह सन् 1906 में मुस्लिम लीग का गठन होने दे।'' —वही, पृष्ठ-475।

देखा जाय तो राष्ट्रीय आन्दोलन के हिन्दू पुनरुत्थानवाद से जोड़ने का यह प्रयास 19वीं सदी उतरार्द्ध या बीसवीं सदी के प्रारम्भ में उग्रवादी राजनीति के समर्थकों तक ही सीमित नहीं रहा, इस हिन्दूपन को आगे के वर्षों में भी ले जाया गया। स्वयं गाँधी जी, अपनी गैर-साम्प्रदायिक मनोवृत्ति के बावजूद मुसलमानों के मन में यह भावना जगाने में प्रेरक बने कि काँग्रेस मुख्यतः हिन्दुओं की संस्था है। उनका बार-बार हिन्दू धर्म ग्रंथों को उद्धृत करना, अपनी कार्य योजना का आधार बताना, रामराज्य की बात करना, इसी के उदाहरण हैं। अपने को सनातनी हिन्दू घोषित करने वाला गाँधी जी का वक्तव्य तो सर्वविदित है ही, जिसमें उन्होंने कहा था कि—''मैं अपने को सनातनी हिन्दू कहता हूँ क्योंकि—1. मैं वेदों, उपनिषदों, पुराणों और समस्त हिन्दू शास्त्रों में विश्वास करता हूँ; और इसीलिए अवतारों तथा पुनर्जन्म में भी मेरा विश्वास है। 2. मैं वर्णाश्रम धर्म में विश्वास करता हूँ। इसे मैं उन अर्थों में मानता हूँ, जो पूरी तरह वेदसम्मत हैं; लेकिन उसके वर्तमान प्रचलित और भोड़े रूप को नहीं मानता। 3. मैं प्रचलित अर्थों से कहीं अधिक व्यापक अर्थों में गाय की रक्षा में विश्वास करता हूँ। 4. मूर्ति-पूजा में मेरा अविश्वास नहीं है।''

—यंग इंडिया—12 अक्टूबर, 1921

इस 'सनातनी' शब्द की व्याख्या नेहरूजी ने इस प्रकार की है—''सनातनी लोग जिस रफ्तार से पीछे की तरफ चल रहे हैं। उससे हिन्दू महासभा मात खा गई है। सनातनियों में धार्मिक कट्टरता के साथ-साथ ब्रिटिश सरकार के प्रति बहुत तेज या काफी जोरदार शब्दों में प्रकट की जाने वाली वफादारी भी होती है।''

—आत्मकथा—पृष्ठ 382

इस प्रकार राष्ट्रीय कांग्रेस का प्रतिनिधि नेता और जनता की निगाहों में इसका मुख्य प्रतिनिधि हमेशा हिन्दू धर्म तथा हिन्दू पुनरुत्थान के एक सक्रिय नेता के रूप में लोगों के सामने आता रहा। फिर इसमें आश्चर्य क्या, यदि ऐसी परिस्थिति में और कांग्रेस के ऐसे नेताओं तथा ऐसे प्रचार के अस्तित्व में होने के कारण केवल दुश्मन आलोचक ही नहीं, बल्कि साधारण जनता का भी एक बड़ा हिस्सा कांग्रेस

को 'हिन्दू आन्दोलन' समझता था!'

अंग्रेज शासकों ने इस स्थिति का जबर्दस्त फायदा उठाया; किन्तु कहने की बात नहीं कि जिस हथियार से उन्होंने हिन्दू-मुस्लिम एकता को काटा, वह हथियार उन्हें नवजागरण तथा मुक्ति-आन्दोलन के दक्षिण पंथी, हिन्दू पुनरुत्थानवाद के हामी विचारकों तथा नेताओं ने ही प्रदान किया था।

हिन्दू-मुस्लिम अलगाव का ही परिणाम था पाकिस्तान की माँग और देश का विभाजन। सन् 1946 के अपने प्रस्ताव में, मुस्लिम विधायकों के सम्मेलन में, पाकिस्तान की माँग को इस रूप में व्याख्यायायित किया गया—

''पाकिस्तान का सिद्धान्त इस धारणा पर आधारित है कि हिन्दू और मुसलमान दो अलग-अलग 'जातियाँ' हैं। सारे भारत में, और भारत के हर इलाके में, हिन्दू और मुसलमान, भले ही मिल-जुलकर रहते हों, भले ही हिन्दू और मुसलमान एक ही परिवार के सदस्य हों, लेकिन इस सिद्धान्त के अनुसार वे दो अलग-अलग 'जातियों' के लोग हैं। स्पष्ट है कि धर्म को जातीयता का आधार बनाने की यह कोशिश (और धर्म से सम्बन्धित समान संस्कृति को भी आधार बनाने की कोशिश) जातीयता की प्रत्येक ऐतिहासिक तथा अन्तर्राष्ट्रीय व्याख्या एवं अनुभव के विपरीत है। फिर भी, उसे सामने लाया गया और उसका अनुपालन किया गया।

हम जानते हैं कि बावजूद तमाम विरोध के, देश की स्थितियाँ ऐसी बिगड़ती चली गयीं कि कांग्रेस पाकिस्तान की इस माँग को खत्म नहीं कर पायी। अंग्रेजों ने इसे देश विभाजन का कारगर हथियार माना और अंततः कांग्रेस को उसे स्वीकार करना पड़ा। देशव्यापी भयानक साम्प्रदायिक दंगों के माहौल में पाकिस्तान की माँग को स्वीकार किया गया और सन् 1947 में आजादी मिलने के साथ ही देश का विभाजन हो गया।

(घ) साम्प्रदायिकता और आजादी के बाद का परिदृश्य

देखा जाय तो देश-विभाजन के उपरान्त हिन्दू-मुस्लिम समस्या को खत्म हो जाना चाहिए था; किन्तु बजाय इसके कि हिन्दू-मुस्लिम समस्या का खात्मा होता, आजादी के बाद के वर्षों में अपने ढंग से, अलग-अलग वस्तुस्थिति के आधार पर न केवल साम्प्रदायिक समस्या विद्यमान है, वरन् बढ़ी है और विनाशकारी परिणामों के साथ हमारे समक्ष उपस्थित है।

देश-विभाजन के उपरान्त मुसलमानों की एक अच्छी-खासी संख्या तो नवनिर्मित पाकिस्तान में रह गयी। जो मुसलमान भारत के अपने प्रदेशों में थे, उनमें से भी काफी बड़ी तादाद भारत को छोड़कर पाकिस्तान चली गयी। अल्पसंख्यक मुसलमान भारत में और भी अल्पसंख्यक हो गये। प्रारम्भ में—हाल में ही आजादी पाने की

वस्तु-स्थिति तथा कांग्रेस के नेतृत्व के चलते भारतीय मुसलमानों ने अपना भविष्य कांग्रेस के हाथों में सुरक्षित समझा, कारण कांग्रेस प्रारम्भ से ही ग़ैर-साम्प्रदायिक संगठन थी। हिन्दू जनता आजादी के दौर में भी अधिकांशतः कांग्रेस के साथ थी और आजादी के उपरान्त भी वह कांग्रेस के साथ रही। भारत के पहले प्रधान मन्त्री नेहरू का अपना आकर्षण देश को लेते समय तक यह विश्वास दिलाता रहा कि भारत का भविष्य नेहरू और कांग्रेस के हाथों सुरक्षित है। दूसरे, आजादी के उपरान्त साम्प्रदायिक राजनीति का जो परिणाम एक हिन्दू द्वारा महात्मा गाँधी की हत्या के रूप में सामने आया, उसने भी बहुसंख्यक हिन्दू जनता के मन में साम्प्रदायिकता के प्रति नफरत ही पैदा की। इस नाते कांग्रेस बहुसंख्यक हिन्दू जनता और अधिकांश मुसलमान जनता के समर्थन से आजादी के बाद के लगभग दो दशकों तक अपना वर्चस्व बनाये रही। किन्तु आजाद भारत में साम्प्रदायिकता की समस्या खत्म हो गयी हो, ऐसा नहीं हुआ। आजादी के पहले से वह अधिक व्यापक, अधिक घातक और अधिक महीन बनकर हमारे राजनीतिक-सामाजिक क्षितिज में उभरी है। सवाल है कि इस स्थिति के क्या कारण हैं। आजादी के बाद के दिनों में हमने देखा है कि मुस्लिम साम्प्रदायिकाता या अल्पसंख्यक साम्प्रदायिकता की धार तो पाकिस्तान बन जाने या देश का विभाजन हो जाने से मन्द हुई है, जो बहुसंख्यक साम्प्रदायिकता आजादी के पहले लगभग नहीं के बराबर थी, राष्ट्रीय आन्दोलन के भीतर अपना काम करते हुए भी, प्रमुखतः राष्ट्रीय स्वाधीनता की लड़ाई में भी शामिल थी, देश-विभाजन के बाद वह देश के राजनीतिक, सामाजिक, धार्मिक और सांस्कृतिक क्षितिज में अधिक उग्र बनकर उभरी है। जो हिन्दू सम्प्रदायवादी संगठन तथा राजनीतिक दल आजादी के पहले बहुसंख्यक हिन्दू जनता को अपने दायरे में नहीं ला सके थे, उन सम्प्रदायवादी हिन्दू संगठनों का प्रभाव आजादी के बाद न केवल बढ़ा है, उनकी संख्या-वृद्धि भी हुई है। अब तो हम औपनिवेशिक शासकों को सम्प्रदायवाद की राजनीति को बढ़ावा देने का दोषी नहीं ठहरा सकते। फिर क्या कारण है कि आजादी के बाद के दशकों में हमारा देश साम्प्रदायिकता की गहरी चपेट में आ गया है। इसके कारणों को विश्लेषित करना जरूरी है। श्री के. दामोदरन ने आजादी के बाद के परिदृश्य पर विचार करते हुए लिखा है—"एक अर्ध-विकसित, अर्ध-सामन्ती समाज से आर्थिक स्वतन्त्रता वाले, आधुनिक, औद्योगिक राष्ट्र में रूपान्तरण से तात्पर्य केवल मौजूदा कल-कारखानों की संख्या में वृद्धि होना अथवा बड़े पैमाने के यंत्रीकृत कारखानों का कायम हो जाना ही नहीं है। इसके लिए नये सामाजिक सम्बन्ध, नयी आदतें और जीवन की नयी पद्धति अपेक्षित है। इस रूपान्तरण के साथ जो तर्क द्वारा सिद्ध और प्रमाणित आधुनिक दृष्टिकोण आता है, वह पूँजीवाद से पहले के धार्मिक मताग्रहों, धर्म-सम्बन्धी अन्धविश्वासों और रहस्यवादी अन्तर्ज्ञान से मेल नहीं खाता। इस

विश्व दृष्टिकोण में व्यक्ति-स्वातंत्र्य, भाईचारा, जनतन्त्र और समाजवाद जैसे मूल्यों का समावेश होता है। दूसरे शब्दों में आर्थिक-नियोजन, औद्योगीकरण, राष्ट्रीयकरण, कृषि-सुधार तथा गुट-निरपेक्षता अपने आप में लक्ष्य नहीं हैं। वे एक ऐसी श्रेष्ठतर व्यवस्था के निर्माण के साधन हैं, जिसमें विज्ञान, प्रविधि, कला और साहित्य के वरदान समस्त जनता को प्राप्त होते हैं।... किन्तु भारत का पुराना सामाजिक ढाँचा पूरी तरह से नहीं तोड़ा जा सका है, जिससे कि वह वर्तमान आवश्यकताओं की पूर्ति के लिए रास्ता तैयार कर सके। विकास का क्रम इतना धीमा और असमान है कि हमारे देश के गाँवों और शहरों में आधुनिकता के साथ आदिमकालीनता भी घुली-मिली है। क्षेत्रों का पिछड़ापन नियोजन में असन्तुलन उत्पन्न करता है और जनता में आम असन्तोष को बढ़ा देता है। उन लोगों में जो नवीनता के संपर्क में आए हैं और परिवर्तन चाहते हैं, तथा उन लोगों में जो औद्योगीकरण से केवल नाममात्र को प्रभावित हैं और अब भी अतीत से चिपके हुए हैं, अन्तर है। विचारधारा के क्षेत्र में भी विज्ञान और जनतन्त्र के आधुनिक विचारों के साथ-साथ गणचिह्नवाद, सर्वात्मवाद और जादू-टोने के पंथों का सह-अस्तित्व है।

श्री के. दामोदरन की बात को और आगे बढ़ाने का मोह हम संवरण नहीं कर सकते। कारण उन्होंने भारत की विसंगतियों और अंतर्विरोधों को उनके मूल में जाकर पकड़ा है, जिनके फलस्वरूप न केवल अतीत के ध्वंसावशेषों के प्रति मोह एवं जड़ता वरन् दूसरी तमाम समस्याएँ भी आधुनिक भारत में विद्यमान हैं, मसलन—क्षेत्रवाद, पृथकतावाद तथा भयानक जातिवाद। साम्प्रदायिकता की जिस समस्या को देश-विभाजन के बाद समाप्त हो जाना चाहिये था, वह भी नये-नये और महीन रूपों में व्यापक बन गयी है और जिसे आजादी के बाद की राजनीति ने नये प्राण भी प्रदान किये हैं। श्री दामोदरन लिखते हैं—"इस प्रकार भारत पुराने और नये के बीच संघर्ष के पीड़ापूर्ण दौर से गुजर रहा है। ज़नता के विभिन्न वर्ग तथा समूह राष्ट्र के सामने उपस्थित विभिन्न समस्याओं के समाधान प्रस्तुत कर रहे हैं। ये अन्तर्विरोधपूर्ण हित अपरिहार्य रूप से जनता की विचारधारा और उसके दार्शनिक दृष्टिकोण में भी प्रतिबिम्बित होते हैं। प्रतिक्रियावादी तत्त्वों का आज भी जनता पर शक्तिशाली प्रभाव है। ये प्रतिक्रियावादी तत्त्व प्रायः पृथकतावादी प्रवृत्तियों तथा धार्मिक, साम्प्रदायिक तथा जातीय विद्वेषों को प्रोत्साहित करते हैं। साम्प्रदायिक तथा धार्मिक संगठन स्वभावतः धर्म-निरपेक्षता, जनतन्त्र तथा राष्ट्रीय एकता के मार्ग में रुकावटें खड़ी करते हैं। ये जनता की सृजनात्मक शक्तियों को मार्गच्युत करते हैं और आर्थिक उन्नति तथा समाजवाद के लिए जनता के संघर्ष को रोकते हैं। आज भी सैकड़ों मठ, संघ तथा अन्य साम्प्रदायिक और धार्मिक संस्थाएँ कायम हैं। आज भी ऐसे हजारों संन्यासी, पुरोहित और पण्डे मौजूद हैं, जो अनन्यता और निगृहन

वृत्ति को बढ़ावा देते हैं और आम लोगों को सिखाते हैं कि वे अन्तर्मुखी बनें और अतीत की ओर लौटें। वे उस सबका जो हमारे देश की धार्मिक, दार्शनिक और सांस्कृतिक परम्पराओं में और वर्तमान अनुभूतियों और पूर्वाग्रहों में नकारात्मक है, समर्थन करते हैं। ये नकारात्मक तत्त्व नये की ओर जनता के प्रयाण को रोकते हैं। माया, कर्म, आत्मा के शरीरान्तरण और वर्णाश्रम धर्म के पुराने घिसे-पिटे सिद्धान्त, जो प्रगति के मार्ग में रुकावट सिद्ध हो चुके हैं, दुबारा नये सिरे से प्रसारित किये जा रहे हैं। जनता में उन्हें लोकप्रिय बनाने की कोशिशें जारी हैं। साम्प्रदायिकता और संकीर्ण धार्मिक कट्टरता को, जाति-भेदों, ज्योतिष और यज्ञों को तथा हर उस चीज को जो एक धर्म-निरपेक्ष तथा संयुक्त संस्कृति के स्वस्थ-विकास को अवरुद्ध करती है, प्रोत्साहित किया जा रहा है और उसे संरक्षण प्रदान किया जा रहा है। अन्ध राष्ट्रवाद के समर्थक आज भी इस्लामी राज्य और हिन्दू राष्ट्रीयता का नारा उठाते हैं। राष्ट्रीय स्वयं सेवक संघ के सर संघचालक गुरु गोलवलकर के अनुसार "हिन्दू ही इस धरती और इस राष्ट्र की स्थायी सन्तान हैं; क्योंकि उनमें समान रक्त है। उनका अपना भ्रातृत्व है। वे एक ऐसी नस्ल हैं, जिसका समान मूल है और जिसकी रगों में समान रक्त प्रवाहित है।"—(भारतीय चिन्तन परम्परा—पृष्ठ 507-508)।

श्री दामोदरन को इतने विस्तार में उद्धृत करने का कारण, जैसा कि हम कह चुके हैं, आजादी के बाद के भारत की स्थितियों का वस्तुगत विश्लेषण है। यदि आधुनिक तथा समकालीन भारत में साम्प्रदायिक शक्तियों के नये उभार, क्षेत्रीयतावाद, जातिवाद या पृथकतावाद के कारणों की पड़ताल हम करना चाहें तो श्री दामोदरन के उक्त वक्तव्य में वे सारे कारण हमें मिल जाएँगे; अर्थात् वास्तविक जनतन्त्र, समाजवाद तथा धर्म-निरपेक्षता के मूल्यों से वंचित कोरा औद्योगीकण और आर्थिक विकास, असन्तुलित आर्थिक-विकास, सामन्ती संस्कारों और सामन्ती अवशेषों से टकराए बिना खोखली आधुनिकता की ओर देश की तमाम योजनाओं का प्रयाण, विचारधारा के स्तर पर सामन्तवाद से टकराने में सत्ताधारी दल की निष्क्रियता एवं यदि इसमें अपनी तरह से हम कुछ जोड़ें, तो कह सकते हैं कि अपनी राजनीतिक सत्ता को बरकरार रखने के लिए, अपने वर्गीय हितों को साधने के लिए सत्ताधारी दल का ऊपर-ऊपर से समाजवाद या जनतन्त्र या औद्योगिक आधुनिक भारत की बात करना; किन्तु वस्तुतः सामन्ती ऊपरी ढाँचे को न केवल बरकरार रखना वरन् उसे पुष्ट करना, जिसके चलते जनता सदा अंध-मूढ़ बनी रहे, एकजुट होकर उससे राजनीतिक सत्ता न छीन पाये और इस अंध-मूढ़ जनता पर अपनी सत्ता की निरन्तरता बनाये रहें। अन्यथा क्या कारण है कि नेहरू के समय तक तो समाजवाद तथा जनतन्त्र की बातें, धर्म-निरपेक्षता तथा साधारण जनता के हित की बातें हवा में उछलीं; किन्तु नेहरू के बाद सारी बातें समाप्त हो गयीं और सत्ताधारी दल का

पूँजीवादी चरित्र एकदम स्पष्ट होकर सामने आ गया। वोटों की राजनीति, सत्ता पर बने रहने की राजनीति इतने निर्लज्ज ढंग से चलाई गयी कि मुस्लिम वोट बैंक हथियाने की गरज से अपने को धर्म-निरपेक्ष कहने वाले शासक दल ने घोर साम्प्रदायिक रवैया अपनाया तथा मुसलमानों के प्रति तुष्टीकरण की नीति अपनाई; ताकि उसका मुस्लिम वोट बैंक सुरक्षित रहे। दूसरी ओर हिन्दू बहुमत को अपने वश में रखने के लिए इसी सत्ताधारी दल ने तन्त्र-मन्त्र, पूजा-पाठ तथा हर प्रकार के हिन्दू धार्मिक धर्मकाण्डों को सरकारी स्तर पर जीवित रखा। अंग्रेजों ने हिन्दुओं और मुसलमानों में फूट डालो और राज करो की नीति अपनाई थी, ठीक उसी तरह आजादी के बाद सत्ताधारी दल ने सभी हिन्दुओं को खुश करने के लिए उनकी धार्मिक भावनाओं को उभारा, सभी मुसलमानों को खुश करने के लिए उनको तुष्ट किया। ऊपरी स्तर पर बातें जरूर धर्म-निरपेक्षता की, बराबरी की तथा साम्प्रदायिक सद्भाव की होती रहीं। आजादी के पहले साम्प्रदायिक सद्भाव का मतलब हिन्दू-मुसलमानों के बीच साम्प्रदायिक सद्भाव था; साम्प्रदायिकता का मसला भी उन्हीं से सम्बन्धित था। आजादी के बाद साम्प्रदायिकता को नये आयाम मिले और अब समस्या हिन्दू-सिखों के बीच साम्प्रदायिक कटुता की खड़ी हो गयी।

सच पूछा जाये तो आजादी के बाद भारतवर्ष को आधुनिक राष्ट्र बनाने की गम्भीर कोशिशें ही नहीं हुईं। आजादी के पहले भी प्रेमचन्द जैसे साहित्यकारों का राष्ट्रीय आन्दोलन के नेतृत्व से यही मतभेद था कि आजादी की लड़ाई को मात्र राजनीतिक नहीं, आर्थिक-सामाजिक मोर्चे पर भी चलना चाहिए; अर्थात् साम्राज्यवाद के साथ-साथ पूँजीवाद और सामन्तवाद से लड़ाई जारी रखने की भी उतनी ही आवश्यकता है। किन्तु अपने न्यस्त स्वार्थों के चलते राष्ट्रीय आन्दोलन का नेतृत्व सामन्तवाद, पूँजीवाद से लड़ने में बराबर कतराता रहा। उसका संघर्ष भी मुख्यतः साम्राज्यवाद से ही रहा और देश का विभाजन भी उसने इसी नाते स्वीकार किया कि सत्ता उसके हाथों में दी जाये; वह मजदूर-किसानों और साधारण जनता के हाथों में न पहुँच जाय। यही हुआ भी। भारत को मात्र राजनीतिक स्वतन्त्रता मिली; आर्थिक और सामाजिक स्वाधीनता उसके लिए मुहैया नहीं की गयी। आजादी के बाद, जैसा हम कह चुके हैं, सामन्ती अधिरचना पर हमला कर उसे ध्वस्त करते हुए, आधुनिक जनतंत्रात्मक, समाजवादी भारत के निर्माण की ओर गम्भीर प्रयास करने के बजाय अपने वर्गीय हित में सत्ताधारी दल ने सामन्तवाद को और भी पुष्ट किया। धर्म, धार्मिक कर्मकाण्डों, धार्मिक प्रतीकों आदि को सरकारी स्तर पर प्रश्रय मिला, जातिवाद को भी पनपाया गया। मुसलमानों के तुष्टीकरण की बात मुस्लिम वोट बैंक हासिल करने के सिलसिले में, हम कह ही चुके हैं। परिणामतः देश में साम्प्रदायिक तथा क्षेत्रीय संगठनों तथा सेनाओं की बाढ़-सी आ गयी। अन्धविश्वास,

तन्त्र-मन्त्र, जादूटोना, ज्योतिष, पूजापाठ सब कुछ नये सिरे से और भी बड़ी धूमधाम से शुरू हुए। नकली बाबाओं, साधु-सन्तों, महन्तों, पुरोहितों, ज्योतिषियों को खुलेआम सरकारी संरक्षण प्रदान किया गया। जब देश के शासक वर्ग का चरित्र ऐसा हो, तो आम जनता में अतीत के इन अवशेषों के प्रति मोह जगे तो आश्चर्य किस बात का। इसी का परिणाम था कि राष्ट्रीय स्वयं सेवक संघ, हिन्दू महासभा, मुस्लिम लीग जैसी साम्प्रदायिक संस्थाएँ जो आजादी मिलने के तत्काल बाद लगभग बेअसर हो गयी थीं, शीघ्र ही उनमें नयी ताकत और नयी जान आ गयी। शासक वर्ग के अपने चरित्र का जो रूप नेहरू के निधन के बाद उभरा, उसके सन्दर्भ में तो उन्हें जैसे मुँहमाँगी चीज ही मिल गयी। उन्हें खुलकर सामने आने का अवसर मिला और दर्जनों साम्प्रदायिक संगठन और धार्मिक संस्थाएँ पैदा हो गयीं। एक प्रकार से शासक दल अधिकृत साम्प्रदायिक शक्तियों में होड़-सी लग गयी कि जनता की अशिक्षा, धार्मिक संस्कारों, अज्ञान तथा सामन्ती रुझानों को अपने हित में कौन सबसे अधिक भुनाता है। श्रीमती इन्दिरा गाँधी के समय से सत्ता तथा धर्म के गठजोड़ का रूप सामने आया था, वह बाद के वर्षों में और भी पनपा। वोट की राजनीति ने, सत्ता पर काबिज रहने की राजनीति ने, सत्ताधारी दल को सिख सम्प्रदायवाद को उभारने की प्रेरणा दी। विडम्बना यह कि इसी सिख सम्प्रदायवाद ने श्रीमती इन्दिरा गाँधी के प्राण लिए तथा हिन्दू-सिख भाईचारे को गहरा आघात पहुँचाया। श्रीमती इन्दिरा गाँधी के उपरान्त उनके पुत्र श्री राजीव गाँधी ने सम्प्रदायवाद की इस राजनीति को और भी पुष्ट किया तथा चुनाव जीतने के मतलब से शाहबानों के हक में लिए गये सुप्रीम कोर्ट के फैसले को संविधान में संशोधन लाकर बेअसर कर दिया; ताकि मुसलमान खुश रहें और कांग्रेस के लिए उनका वोट बैंक सुरक्षित रहे।

यह शाहबानों प्रकरण हिन्दू साम्प्रदायिकता के लिए वरदान साबित हुआ और हिन्दू सम्प्रदायवादी राजनीतिक दल भारतीय जनता पार्टी, जो इसके पहले लगभग बेअसर थी, मुस्लिम तुष्टीकरण की गुहार लगाते हुए, साधारण जनता के दिल-दिमाग में हिन्दू साम्प्रदायिकता का विष भरने में कामयाब हो गयी। शासक दल ने हिन्दू सम्प्रदायवाद की इस मुहिम का मुकाबला करने के लिए, हिन्दुओं को खुश करने के लिए राम-जन्म भूमि अयोध्या में राम मन्दिर का शिलान्यास करने की अनुमति हिन्दू सम्प्रदायवादी संगठनों को दी तथा अपने चुनाव-प्रचार का अभियान अयोध्या से रामराज्य का निर्माण करने की बात से शुरू किया। किन्तु शासक दल अपने इरादों में कामयाब नहीं हुआ; जबकि राम-जन्म भूमि में राम मन्दिर निर्माण के मुद्दे तथा वहाँ पर स्थित बाबरी मस्जिद को ध्वस्त करने की बात उठाकर सम्प्रदायवादी शक्तियों ने वह सब प्राप्त कर लिया जो वे चाहती थीं। हिन्दू सम्प्रदायवाद को उत्तर भारत की जनता ने भारी बहुमत से संसद तथा विधान सभा में भेजा, बाबरी मस्जिद को प्रशासन

की ठीक आँखों के सामने, सत्ताधारी दल की मिली भगत से, 6 दिसम्बर 1991 में ध्वस्त कर दिया गया। हिन्दू राष्ट्र के निर्माण के नारे उछले तथा धर्म-निरपेक्ष ताकतों को छद्म धर्म निरपेक्षता की ताकतों के रूप में पेश किया गया। हिन्दू-सम्प्रदायवाद की फासिस्ट हरकतों का जवाब अल्पसंख्यक सम्प्रदायवाद ने आतंकवादी तरीके अपनाकर दिया। बम्बई में भयानक बम-विफोट हुआ और सारा देश साम्प्रदायिक दंगों की आग में धू-धू करके जल उठा। आजादी के बाद साम्प्रदायिकता का इतना विराट ताण्डव कदाचित पहले नहीं हुआ जैसा कि विगत 3 वर्षों में हुआ है। स्थिति यह है कि इस समय बहुसंख्यक तथा अल्पसंख्यक सम्प्रदायवाद दोनों अपनी चरम मुहिम पर हैं तथा सत्ताधारी दल उसका सामना अपनी साम्प्रदायिक राजनीति से कर रहा है। सारा देश विनाश के कगार पर खड़ा है। सत्ताधारी दल ने हिन्दुओं का वोट बैंक तो हिन्दू सम्प्रदायवाद के हाथों में दे ही दिया है, बाबरी मस्जिद के ध्वस्त होने के उपरान्त उसका मुस्लिम वोट बैंक छिन गया है। सम्प्रदायवाद व आजादी के बाद यह नया उभार राष्ट्र की चिन्ता का सबसे गम्भीर विषय है। देश की तमाम धर्म-निरपेक्ष, जनतन्त्रवादी शक्तियाँ उससे टकरा रही हैं किन्तु सम्प्रदायवाद का विष अभी भी पूरी तरह प्रभावी है। जातिवाद का नारा उठाकर उसे काटने का प्रयास जरूर हुआ; किन्तु सम्प्रदायवाद का विरोध जातिवाद के आधार पर नहीं किया जा सकता। दंगे सामन्ती अवशेष हैं—दंगों का मुकाबला सही जनतान्त्रिक आन्दोलनों, सही धर्म-निरपेक्ष मानस एवं साधारण जनता की आर्थिक-सामाजिक खुशहाली के सही नियोजित कार्यक्रम से ही किया जा सकता है।

4
आधुनिक भारत में साम्प्रदायिकता : कुछ निष्कर्ष

(क) प्रस्तावना

साम्प्रदायिकता का जो रूप आधुनिक भारत का, आजादी के पहले और बाद के भारत का यथार्थ है, साम्प्रदायिकता का वैसा रूप हमें प्राचीन और मध्यकालीन भारत में नहीं मिलता। हम इस बात को भी अंशतः ही स्वीकार करते हैं कि साम्प्रदायिकता का सम्बन्ध धर्म या संस्कृति से होता है। अपने धर्म को सर्वोपरि मानते हुए दूसरे धर्मों का महज उनकी धार्मिक आस्थाओं के नाते दमन करना, उनके पूजा स्थलों को रौंदना या नष्ट करना आदि-आदि बातें साम्प्रदायिक मनोभावना का इजहार जरूर हैं; किन्तु धर्म तथा संस्कृति की भिन्नता या धार्मिक आस्था साम्प्रदायिकता का कारण नहीं है। धार्मिक होना एक बात है और साम्प्रदायिक होना बिल्कुल दूसरी बात! कट्टर से कट्टर धार्मिक व्यक्ति धर्म-निरपेक्ष चरित्र का हो सकता है और धर्म तथा धार्मिक कर्मकाण्डों में कोई विशेष रुचि न रखने वाला भी घोर साम्प्रदायिक हो सकता है। पाकिस्तान का जनक मुहम्मद अली जिन्ना कट्टर मुसलमान कदापि नहीं था और न ही आज के अनेक हिन्दू साम्प्रदायिक नेता कट्टर धार्मिक हिन्दू हैं; किन्तु जिन्ना जानता था कि धर्म को हथियार बनाकर मुसलमानों के लिए राजनीतिक सत्ता पाई जा सकती है और उन्हें वह प्राप्त ही हुई। इसी प्रकार आज के हिन्दू सम्प्रदायवादी भी जानते हैं कि जनता की धार्मिक भावनाओं को उभार कर राजनीतिक सत्ता पर काबिज हुआ जा सकता है; और यही कार्य वे सफलतापूर्वक सम्पादित भी क़र रहे हैं। इसी नाते हम प्रभा दीक्षित के इस मत का समर्थन करते हैं कि—1. साम्प्रदायिकता, जैसी कि वह आज है, विशुद्ध रूप से आधुनिक भारत की समस्या है, 2. साम्प्रदायिकता का सम्बन्ध धर्म अथवा संस्कृति से न होकर विशुद्ध रूप से राजनीतिक सत्ता-प्राप्ति से है, 3. वह अभिजातवर्गीय, पढ़े-लिखे हिन्दू और मुसलमानों की राजनीतिक सत्ता-प्राप्ति की आपसी प्रतिस्पर्धा है; धर्म और संस्कृति तथा साधारण जनता का इस्तेमाल जिस प्रतिस्पर्धा में विजय के लिए जरूरी होता

है। आधुनिक युग के राजनीतिक इतिहास पर दृष्टिपात करें, तो हमें पता चलेगा कि आधुनिक भारत में, आजादी के पहले का सारा घटना-क्रम राजनीतिक सत्ता-प्राप्ति से सम्बन्धित है और जिसे हम साम्प्रदायिकता कहते हैं, उसका जन्म इसी राजनीतिक घटना-क्रम के बीच से हुआ है। साम्प्रदायिकता आधुनिक भारत में राष्ट्रवाद का विरोध करते हुए जन्मी है।

साम्प्रदायिकता की समस्या से टकराने वाले अधिकांश विद्वानों का अभिमत है कि आधुनिक भारत में साम्प्रदायिकता की भावना को जन्म देने का श्रेय औपनिवेशिक शासकों पर है, उनकी 'फूट डालो और राज करो' जैसी कुत्सित नीति पर है। यह स्थापना काफी दूर तक सही है; किन्तु इसे हम शत-प्रतिशत सही नहीं मानते। हमने आधुनिक भारत की दो महत्त्वपूर्ण घटनाओं—आधुनिक नवजागरण और आधुनिक स्वाधीनता आन्दोलन पर संक्षिप्त दृष्टिपात किया है। ऐसा हमने इन महत्त्वपूर्ण घटनाओं का विस्तृत विवरण देने के लिए नहीं किया। इन घटनाओं का विवेचन करने में हमारा उद्देश्य इनके सकारात्मक पक्षों को देखने के साथ-साथ इनके अन्तर्विरोधों एवं उनसे उपजे इनके नकारात्मक पहलुओं को भी उजागर करना था; अर्थात यह देखना भी था कि साम्प्रदायिकता की जिस समस्या से आज सारा देश चिन्तित है, उसकी जड़ें या उसके बीज उक्त दो महत्त्वपूर्ण घटनाओं में भी हैं या नहीं, हैं तो वे कहाँ तक हैं। अपने विवेचन के दौरान हमने देखा कि अनेक सकारात्मक पक्षों के साथ-साथ इन दोनों घटनाओं के भीतर साम्प्रदायिक मनोभावना को पुष्ट करने वाले और उसका इजहार करने वाले तमाम उदाहरण भी हमें मिलते हैं। औपनिवेशिक शासकों ने इस स्थिति का लाभ अपने हित में उठाया, उन्होंने इन दोनों घटनाओं के भीतर इस समस्या के पैदा होने की स्थितियाँ बनाई, उन्हें पनपाया और पुष्ट किया तथा अन्ततः अपने हित में उनका इस्तेमला किया। ऐसी स्थिति में यदि कहा जाये कि आधुनिक भारत की इस सबसे गम्भीर समस्या का दायित्व मात्र औपनिवेशिक शासकों पर डालकर हम बरी नहीं हो सकते, हमारे अपने देश का सामाजिक-सांस्कृतिक और आर्थिक-राजनीतिक घटना-क्रम तथा उससे जुड़े चिन्तकों, विचारकों और नेताओं के क्रिया-कलाप, उनका आचरण और उनकी बातें भी इस समस्या के लिए एक सीमा तक उत्तरदायी हैं, तो गलत नहीं होगा। श्री के. दामोदरन आधुनिक नवजागरण के अन्तर्गत पनपे हिन्दू-मुस्लिम पुनरुत्थान की विवेचना करते हुए सही निष्कर्ष देते हैं कि "बहुत से राजनीतिक नेताओं ने यह विचार व्यक्त किया है कि भारत में सम्प्रदायवाद ब्रिटिश शासक वर्ग की देन था। उदाहरण के लिए राजेन्द्रप्रसाद का मत है कि भारत को राजनीतिक रूप से जाग्रत बहुसंख्यक जनता के बहुत बड़े हिस्सों का यह दृढ़ मत है कि इस समस्या को भारत में अंग्रेजों ने पैदा किया। इसकी प्रेरणा युगों पुरानी 'फूट डालो और राज करो' की नीति से मिली, और यह फूट तब तक कायम रहेगी, जब तक उनका शासन कायम रहता है।"

प्रश्न है कि अंग्रेजों का शासन तो सन् 1947 से समाप्त हो गया, तब क्यों यह समस्या अधिक उग्र, अधिक महीन और अधिक व्यापक रूप में आजादी के बाद के भारत में विद्यमान है। वस्तुतः अंग्रेजों के अलावा इसका सम्बन्ध, जैसा कि हमने अभी कहा, हमारे अपने बीच में, हमारे अपने क्रिया-कलापों, चिन्तन और संस्कारों में भी है। श्री के. दामोदरन कहते हैं कि—"यह सच है कि अंग्रेजों ने जनता के बीच फूट और मतभेदों को बड़ी चतुराई से अपने हितों में इस्तेमाल किया, जानबूझकर हिन्दू और मुसलमानों के बीच फूट और प्रतिद्वंद्विता को बढ़ावा दिया; और इस प्रकार साम्प्रदायिकता की वृद्धि में कम महत्त्वपूर्ण भूमिका नहीं अदा की। किन्तु साम्प्रदायिकता के जन्म का दोष केवल उनकी 'फूट डालो और शासन करो' की नीति के माथे मढ़ना, ऐतिहासिक रूप से गलत होगा। इसका कारण अंशतः वस्तुगत परिस्थिति में अन्तनिर्हित कमजोरियों में, राष्ट्रीय मुक्ति आन्दोलन के लिए संघर्ष के विकास के तरीकों में मौजूद था, और अंशतः मनोगत तत्त्वों में।"
—भारतीय चिन्तन परम्परा—पृष्ठ 430-431

सारांशतः साम्प्रदायिकता की आधुनिक समस्या बहुत कुछ औपनिवेशिक शासकों की देन है; और काफी कुछ उसके बीज हमारे नवजागरण तथा मुक्ति-आन्दोलन में सामन्तवादी जड़ता तथा साम्राज्यवादी दमन-चक्र से लड़ने और संघर्ष करने के हमारे तौर-तरीकों की उपज है। यह बिडम्बना है कि नवजागरण के दौर में उसके नेताओं और विचारकों ने जो सुधार-अभियान चलाए, उन नेताओं और विचारकों के प्रधानतः हिन्दू होने के नाते, उनके सारे अभियान हिन्दू धर्म तथा हिन्दू समाज का पुरातन हिन्दू समाज को—नया रूप देने से ही सम्बन्धित रहे—विद्यमान मुसलमान समाज तथा धर्म में, धर्मप्रेरित इस समाज की कट्टरता के नाते न तो ये कोई दखल दे सकते थे और न ही टिप्पणी कर सकते थे। दूसरी ओर, जिन्हें इस काम में आगे बढ़कर आना था, अर्थात् मुसलमान विचारक तथा समाज-सुधारक, वे—सर सैयद अहमद की भाँति सामने आये तो, कुछ समय तक हिन्दू-मुस्लिम एकता की बातें भी हुई—अन्ततः नवजागरण की मुख्यधारा के हिन्दू बहुल रूप और कार्यक्रमों के चलते, वे अंग्रेजों की कूटनीति के शिकार हुए और इसका परिणाम यह हुआ कि नवजागरण वस्तुतः हिन्दू तथा इस्लाम की दो धाराओं में न केवल बँट गया—दोनों धाराएँ एक-दूसरे की विरोधी भी हो गयीं। नवजागरण के दौर में हिन्दू-मुस्लिम इस अलगाव ने मुक्ति आन्दोलन को भी अपने ढंग से प्रभावित किया और मुक्ति-आन्दोलन जिसका लक्ष्य हिन्दू-मुसलमान दोनों के लिए राष्ट्रीय स्वाधीनता की प्राप्ति था, उसमें भी दरार आ गयी और कांग्रेस के समानान्तर मुस्लिम लीग ने अपने अभियान के तहत अन्ततः द्विराष्ट्र सिद्धान्त को सामने लाकर देश-विभाजन को सम्भव बना दिया। वस्तुतः अनेक वस्तुगत कारणों के चलते बहुसंख्यक हिन्दू समाज की तुलना में अल्पसंख्यक मुस्लिम समाज आधुनिक युग की शुरुआत के समय ही आर्थिक-शैक्षिक

दृष्टि से काफी पिछड़ा रहा; धर्म का पंजा उसकी मनोभावनाओं पर सदा हावी रहा; फलस्वरूप वह सदैव इस आशंका से ग्रस्त रहा कि हिन्दू बहुत राष्ट्र में मुख्य धारा में मिलने पर उसे या तो अपने को हिन्दू बहुलता के बरक्स अपनी पहचान खो देनी होगी या उसे द्वितीय श्रेणी की नागरिकता ही मिलेगी। इस नाते अलगाव में ही उसने अपनी सुरक्षा देखी। फलतः वह अपने को और भी अधिक कसता चला गया। देश-विभाजन कांग्रेस ने माना तो, किन्तु द्विराष्ट्र के सिद्धान्त के आधार पर नहीं। यही कारण है कि द्विराष्ट्र के सिद्धान्त पर बने पाकिस्तान ने अपने निर्माण के साथ ही अपने को इस्लामी राष्ट्र घोषित कर दिया तथा वहाँ रही-बसी या रह जाने वाली हिन्दू जनता को या तो बलपूर्वक भारत में खदेड़ दिया, या वह हिन्दू जनता ही इस्लामी राष्ट्र में अपना कोई भविष्य न देखकर अपना वतन छोड़कर भारत आ गयी। पाकिस्तान अधिकांशतः मुस्लिम देश बन गया; जबकि भारत ने आजादी के बाद अपने को जनतान्त्रिक धर्म-निरपेक्ष राष्ट्र घोषित किया और मुसलमानों को आश्वस्त किया गया कि भारत में उनका भविष्य सुरक्षित है। वे यहाँ हिन्दुओं के सामान ही नागरिकता का दर्जा पायेंगे। फलतः स्वेच्छा से मुसलमानों का यह हिस्सा जरूर नवनिर्मित पाकिस्तान में बसने को गया (जो आज पाकिस्तान में द्वितीय श्रेणी की नागरिकता की यातनाएँ भोग रहा है); किन्तु भारत में रहने वाले मुसलमानों के बड़े हिस्से ने भारत में रह जाना ही स्वीकार किया। फलतः विभाजन के उपरान्त भी भारतीय जनसंख्या में एक बहुत बड़ा हिस्सा मुलसमानों का है। भारत में रहने वाले मुसलमानों की संख्या विश्व के किसी भी इस्लामी राष्ट्र से अधिक है।

हिन्दू-मुसलमानों की मिली-जुली आबादी वाले भारत में आजादी के बाद, जैसा कि हम कह आये हैं, नये सिरे से उन हिन्दू साम्प्रदायिक संस्थाओं और राजनीतिक दलों को सक्रिय होने का, अपने को फैलाने का मौका मिला, आजादी के दौर में जो लगभग बेअसर थे। विभाजन और उसके साथ होने वाले साम्प्रदायिक दंगों और विकासशीलता के बरक्स इन साम्प्रदायिक संगठनों को आजाद भारत में मुस्लिम-विरोधी प्रचार करने में सहूलियत हुई। हिन्दुओं की वह आबादी को पाकिस्तान बन जाने के नाते अपना वतन छोड़कर भारत आने के लिए बाध्य हुई थी, चूँकि शरणार्थियों के रूप में भारत आई थी, अतः हिन्दू साम्प्रदायिकता की राजनीति को इन शरणार्थियों में से अधिकांश का समर्थन और सम्बल मिला। इसी के परिणामस्वरूप पाकिस्तान के इस्लामी स्वरूप को मद्देनजर रखते हुए इन संगठनों और राजनीतिक दलों ने भारत को हिन्दू राष्ट्र बनाने की मुहिम छेड़ी तथा अल्पसंख्यक समुदायों को इस आधार पर आतंकित करना शुरू किया कि या तो वे पाकिस्तान चले जाएँ या फिर उन्हें भारत में हिन्दू संस्कृति, चिन्ताधारा तथा विचारधारा में अपने को जज्ब करना होगा। वे हिन्दू-संस्कृति का वर्चस्व स्वीकार करके ही भारत में रह सकते हैं। नतीजतन भारत के मुसलमानों में एक बार फिर से असुरक्षा की भावना दृढ़ हुई और वे अपने में

और भी अधिक सीमित हो गये। कुछ तो शासक वर्ग की अपनी स्वार्थपूर्ण दुरंगी नीति और अधिकतर हिन्दु सम्प्रदायवादी शक्तियों का विषाक्त प्रचार, अशिक्षा, धर्म के भार से ग्रस्त कुछ मुसलमानों की अपनी पिछड़ी जेहनियत—सबने मिल-जुलकर कुछ इस प्रकार का माहौल बनाया कि अधिकांश मुस्लिम जनता अपने को न केवल भीतर से असुरक्षित महसूस करने लगी, उसकी नीयत तथा देशभक्ति पर सन्देह की एक चादर चढ़ा दी गयी; गोया भारत में रहते हुए भी वे भारत के प्रति वफादार नहीं हैं, पाकिस्तान के हिमायती हैं। मुस्लिम जनता के प्रति इस मिथ्या धारणा ने, जिसे लगातार हिन्दू सम्प्रदायवादी संगठनों द्वारा पनपाया गया, मुस्लिम जनता को चाहे-अनचाहे एक ऐसी मनःस्थिति से बाँध दिया कि जैसे वह भारत की मुख्य धारा का अंग नहीं है, अंग नहीं बन सकता। तमाम वस्तुगत स्थितियों ने इस धारणा और आशंका को पुष्ट किया। स्वाधीन भारत में सांप्रदायिकता की समस्या का लगातार शोषण करने वाली शक्तियों में मुसलमानों के बारे में फैली या फैलाई गयी यह मिथ्या धारणा तथा मुस्लिम जनता के मन की भीतरी तहों में बैठा अपने अस्तित्व के प्रति भय, अपने भविष्य के प्रति असुरक्षा की भावना तथा उसकी अपनी मानसिक हीनता भी है। भारत के सारे मुसलमान पाकिस्तानी हैं, वे भारत के प्रति कभी वफादार नहीं हो सकते, वे यहाँ रहें तो हिन्दुओं की शर्तों पर रहें—यह बात पढ़े-लिखे हिन्दु समाज के मन में भी कहीं घर कर गयी है; हिन्दू सम्प्रदायवादी शक्तियाँ भाँति-भाँति के मिथों का प्रचार कर जिसे निरन्तर गहरा कर रही हैं। सरकारी, गैर-सरकारी प्रचार-तन्त्र में घुसी साम्प्रदायिक शक्तियाँ उसे बराबर उछालती रहती हैं। अशिक्षा, आर्थिक बदहाली, तंग मानसिकता, हीन-भाव इन सबके चलते मुसलमान आबादी के युवा वर्ग का एक हिस्सा अपराध जगत में जाने को विवश होता है तथा सचमुच देश-विरोधी हरकतें करने लगता है—जो समूचे मुस्लिम समाज पर थोप दी जाती है।

स्मरण रहे कि बहुसंख्यक साम्प्रदायिकता जहाँ फासीवाद को अपनाती है, उग्र और बेरहम होकर अल्पसंख्यकों का दमन करती है, वहाँ उसकी प्रतिक्रिया में उपजी अल्पसंख्यक साम्प्रदायिकता आतंकवाद में शरण लेने को बाध्य होती है। संप्रति, भारत में साम्प्रदायिकता की इन दोनों परिणतियों को बखूबी लक्ष्य किया जा सकता है।

(ख) आजादी के बाद के भारत में साम्प्रदायिकता की विविध शक्लें

आजादी के बाद भारत में, जैसा कि हम कह चुके हैं, साम्प्रदायिकता की समस्या बजाय खत्म होने के और भी बढ़ी है। हमने कुछ मूलभूत त्रुटियों की ओर पिछले पृष्ठों में इंगित किया है। वस्तुतः आजादी के बाद के माहौल में सम्प्रदायवादी शक्तियों को विकसित होने और फलने-फूलने में अधिक सुविधा हुई है। भारतीय संविधान धर्म तथा अभिव्यक्ति की आजादी कतिपय शर्तों पर देता है। व्यवस्था जनतान्त्रिक

है। धर्म पालन तथा अभिव्यक्ति की आजादी के इस प्रावधान का लाभ उठाकर साम्प्रदायिक शक्तियों ने आजादी के बाद अपना जबर्दस्त विकास किया है। आजादी के पहले हिन्दू महासभा, राष्ट्रीय स्वयं सेवक संघ तथा रामराज्य परिषद जैसे कुछेक हिन्दू साम्प्रदायिक संगठन ही थे तथा मुसलमानों की प्रवक्ता मुख्यतः मुस्लिम लीग थी। आजादी के बाद हिन्दू साम्प्रदायिक संगठनों की न केवल गतिविधियाँ बढ़ीं, संगठनों तथा दलों की संख्या में भी इजाफा हुआ है। मुस्लिम लीग भी आजादी के बाद समाप्त नहीं हुई, दक्षिण के प्रदेशों में बनी हुई है तथा मुस्लिम साम्प्रदायिक संगठनों में भी इजाफा हुआ है। राष्ट्रीय स्वयंसेवक संघ के मुकाबले जमाते इस्लामी है, जो साम्प्रदायिकता का विषैला प्रचार करने में राष्ट्रीय स्वंयसेवक संघ से होड़ लेती है। कानून के तहत यदि ये संगठन कभी प्रतिबन्धित होते हैं, तो गुप्त तरीकों से इनकी गतिविधियाँ और भी तेजी से चलती हैं। कानून की व्यवस्थाओं की आड़ में ये नये-नये रूपों और शक्लों में सामने आती रहती है। हिन्दुओं और मुसलमानों के ही नहीं, आजादी के बाद भारत के अन्य धर्मावलम्बियों के भी तमाम साम्प्रदायिक संगठन आए हैं, जो संविधान में अल्पसंख्यकीय अधिकारों की आड़ में खुल्लम खुल्ला साम्प्रदायिक प्रचार करते हैं। प्रो. श्यामाचरण दुबे के अनुसार—“देश आज साम्प्रदायिकता के नये दौर से गुजर रहा है। पुरानी साम्प्रदायिक संस्थाओं से अलग नये-नये उग्र और आक्रामक दलों का उदय हो रहा है। शिवसेना, बजरंग दल, त्रिशूल सेना, आदम सेना, बिरसा-दल, हिन्दू मनानी आदि। स्थानिक और अल्पायु ऐसे अन्य संगठनों की तो गणना ही नहीं की जा सकती। पंजाब में ही आठ से अधिक खालिस्तान समर्थक दल हैं। यह कहना कठिन है कि इन दलों/सेनाओं और अनेक सुरक्षा-समितियों ने अपने समर्थकों और सदस्यों को सुरक्षा कितनी दी और समस्या को कितना उलझाया। नगरों और गाँवों की दीवारें साम्प्रदायिकता के उद्रेक की कहानी कहती हैं। उन पर नये-नये नारे दिखाई पड़ते हैं—यक्ष पिता, गायत्री माता, ये हैं संस्कृति के निर्माता; मुसलमानों को पाकिस्तान मिला, हिन्दुओं को क्या मिला, हिन्दू कब तक दबेंगे, देश के दुश्मन भारत छोड़ें, रामजन्मभूमि हमारी है, जय महादेव, जय त्रिशूल, चंगेज की तलवार अभी कुंद नहीं पड़ी, हिन्दूशाही नहीं चलेगी, राज करेगा खालसा आदि। ये परिचित राजनीतिक नारे नहीं हैं, इनमें एक नयी मानसिकता की झलक है, जो देश को किसी दिन विखण्डित कर सकती है। धार्मिक उन्माद देश का संकट बनता जा रहा है।”

—सापेक्ष 21-22, पृ. 46

प्रो. दुबे आगे लिखते हैं—“आधुनिकीकरण की प्रक्रिया ने धार्मिक समुदायों के मन में एक खौफ पैदा कर दिया है। जिस तेजी से देश का पाश्चात्यीकरण हुआ है, उससे यह खतरा उत्पन्न हो गया है कि कालान्तर में धर्म की शक्ति क्षीण हो जायगी। धर्म की ओर वापसी का आन्दोलन विश्वव्यापी है। हिन्दू धर्म, इस्लाम, ईसाइयत,

बौद्धमत आदि सभी धर्मों और समुदायों में मूल तत्त्ववाद (Fundamentalism) के अनेक नये प्रकार उभरे हैं। यह प्रवृत्ति नये मिथकों को जन्म देती है और इतिहास की समझ को विकृत करती है। साथ ही विकास की असफलताएँ उसका अन्य परिणाम और असमानपूर्ण वितरण, नये प्रश्नों के उत्तर प्राचीन ज्ञान में खोजने को विवश करते हैं। हताश समूह तेजी से धर्म के पुरातन और शुद्ध रूप की ओर लौटने लगते हैं।"

—वही, पृ. 47

इस प्रकार के प्रयासों को विदेशों से आर्थिक सहायता भी मिली है। ईसाई धर्म निरन्तर ऐसी सहायता पाता रहा है। कुछ धार्मिक और कुछ राजनीतिक कारणों से भारतीय चर्च सम्पन्न हुआ है। पिछले कुछ दशकों में सऊदी अरब, खाड़ी के देशों, लीबिया और ईरान से भारतीय मुसलमानों को भी बहुत सहायता मिली है। इससे उनकी धार्मिक चेतना विस्तारित हुई है और उनकी आक्रामकता भी बढ़ी है। खालिस्तान आन्दोलन विदेशी मुद्रा और लूट की कमाई से चल रहा है। —पृ. 48

साम्प्रदायिकता आजाद भारत में कहीं खुले रूप में कहीं बारीक और महीन रूपों में अपनी कारगुजारियाँ दिखा रही है। हम कुछ जायज़ा साम्प्रदायिकता की इन नयी शक्लों का भी लेना चाहेंगे।

समकालीन भारत में साम्प्रदायिकता के जो नये रूप उभरे हैं, उनमें एक है, साम्प्रदायिक मनोभावना को सार्वजनिक उत्सवों के रूप में प्रतिष्ठा देना। अनेक प्रकार के जागरण, उत्सव; वे देवी-जागरण हों, विशाल भगवती जागरण हों, रथ यात्रा हो, राम पादुका-पूजन हो, इन जैसे तमाम उत्सवों की फिलहाल बाढ़ आ गयी है, जिसका अधिकांश श्रेय आर. एस. एस. की प्रशाखा विश्व हिन्दू परिषद को है। पहले गणपति महोत्सव मुख्यतः महाराष्ट्र केन्द्रित था, दुर्गा या काली पूजा मुख्यतः बंगाल-केन्द्रित या जहाँ भी बंगाली भाषी समाज हो, आज वे सारे भारत का 'फिनामिना' बन गया है। हिन्दू धर्म त्यौहार और कर्मकाण्ड बहुल धर्म है। इन सार्वजनिक उत्सवों की आड़ में समाज के मध्यवर्गीय विश्वासों को भुनाते हुए उसे साम्प्रदायिक मनोभावों से रँगने की सुनियोजित कोशिशें बराबर हो रही हैं। बम्बई नगर में 'महाआरती' के नये कार्यक्रमों ने अनेक बार साम्प्रदायिक दंगे भड़काये हैं—प्रतिक्रियावश सड़कों पर आवागमन रोककर नमाजें पढ़ी जा रही हैं।

सार्वजनिक उत्सवों के अलावा राम जानकी यात्रा, जय जानकी यात्रा आदि तरह-तरह की यात्राओं का एक सिलसिला पिछले कुछ अर्से से चल रहा है। जो बातें हिन्दू समाज के धार्मिक आचारों एवं कार्यक्रमों में पहले नहीं थीं, नये सिरे से उनसे जुड़ गयी हैं और मध्यवर्गीय हिन्दू समाज तथा शहरों का युवा लुम्पेन वर्ग इनमें बढ़-चढ़ कर हिस्सा लेता है।

अनेक नव-अध्यात्मवादी संस्थाएँ भी इधर तेजी से बढ़ी हैं। इन संस्थाओं

के अपने कार्यक्रम होते हैं। वे रनजीश के नाम पर हों, महेश-योगी के नाम हो, बाल-भगवान के नाम पर हों या किसी अन्य नये पैदा हुए साधक के नाम पर।

कहने का मतलब यह कि हिन्दू समाज को नये सिरे से परम धार्मिक और परम आध्यात्मिक बनाने की कोशिशें हो रही हैं और ये कोशिशें उसे कब परम साम्प्रदायिक बना देती हैं, कहा नहीं जा सकता।

हिन्दू धर्म पुराना, प्रशस्त व्यापक धर्म है। कहा जाय तो कहा जा सकता है कि तमाम दूसरे धर्मों की तुलना में वह सबसे अधिक जनतान्त्रिक धर्म भी रहा है। वस्तुतः धर्म से अधिक वह एक पद्धति रहा है—जीने का एक तरीका रहा है। सदा से वह बहुत अधिक व्यापक एवं विस्तृत रहा है। ईश्वर पर विश्वास करने वाले भी हिन्दू रहे हैं और नास्तिक भी। अवतारवाद और मूर्ति-पूजा में आस्था रखने वाले भी हिन्दू रहे हैं और उनके विरोधी आर्य-समाज तथा अन्य भी हिन्दू। राम को मानने वाले भी हिन्दू रहे हैं; और उनके विरोधी शैव भी हिन्दू। न तो हिन्दू धर्म की कोई परम पावन पुस्तक रही है न उसके तहत चर्च जैसी कोई व्यवस्था है। चोटी-टीका धारण करने वाले भी हिन्दू रहे हैं, उनके बिना भी किसी की पहचान हिन्दू के रूप में होती रही है। कोई फतवा हिन्दुओं में नहीं किया गया। शंकराचार्य भी अनेक हैं और उनके मत भी अलग-अलग हैं। किन्तु इधर हिन्दू-धर्म को भी मजहब का रूप देने के प्रयास हो रहे हैं। उसे भी जकड़ा और सोच की कुछ खास दिशाओं में सीमित किया जा रहा है। ऐसी आचार-संहिताएँ सामने लायी जा रही हैं, जो सारे हिन्दुओं को अपनी परिधि में ला सकें। ये सारे प्रयास साम्प्रदायिक मानसिकता के तहत ही हो रहे हैं। ऐसी स्थिति में साम्प्रदायिकता आज हजार बाहों वाली विषयकन्या बनकर सबको अपनी लपेट में लेने का प्रयास कर रही है।

विज्ञान, वैज्ञानिक मानसिकता, जनतान्त्रिक विचार, धर्म-निरपेक्षता जैसे मूल्यों की खिल्ली उड़ाई जा रही है और हिन्दू समाज को नये सिरे से कर्मकाण्डी और आचार-प्रवण बनाया जा रहा है।

सत्ताधारी दल, अपने निहित स्वार्थों के चलते इन सारे प्रयासों में अपने ढंग से प्रत्यक्ष-अप्रत्यक्ष सहयोग दे रहा है, अपने वर्ग-हित साध रहा है। ऐसी स्थिति में साम्प्रदायिकता की समस्या गम्भीर संकट बनकर सारे देश को तोड़ देने के लिए अनुकूल जमीन तैयार कर रही है।

यह सही है कि साम्प्रदायिकता—वह बहुसंख्यकों की हो अथवा अल्पसंख्यकों की, उससे टकराने वाली शक्तियाँ भी देश में मौजूद हैं और वे उनसे जूझ और टकरा भी रही हैं, परन्तु जो स्थिति है, वह निश्चय ही चिन्त्य है। देखना है कि आगे ऊँट किस करवट बैठता है?

5

हिन्दी के उद्भव कालीन उपन्यास

विलम्बित नवजागरण के नाते हिन्दी में उपन्यास कतिपय दूसरी भारतीय भाषाओं की तुलना में देर से आया। भारतेन्दु बाबू जो गद्य की दूसरी तमाम आधुनिक विधाओं में उनके प्रवर्तक के रूप में ख्यात हुए, हिन्दी उपन्यास के लेखन में पहले व्यक्ति नहीं बन सके। 'पूर्णप्रभा-चन्द्रप्रकाश' उपन्यास उन्होंने लिखा जरूर, किन्तु वह गुजराती का अनुवाद है, उनकी मौलिक रचना नहीं। हिन्दी के पहले मौलिक उपन्यास को लेकर विवाद और मतभेद हैं, किन्तु श्रद्धाराम फिल्लौरी के 'भाग्यवती' के बजाय, आचार्य रामचन्द्र शुक्ल तथा कुछ अन्य विद्वानों तथा साहित्येतिहासकारों ने लाला श्रीनिवासदास के 'परीक्षा गुरु' को हिन्दी का, 'अंग्रेजी ढंग का पहला उपन्यास' माना है, जिसका प्रकाशन वर्ष सन् 1882 है। वस्तुतः आचार्य शुक्ल के, उपन्यास के अंग्रेजी ढंग के होने को महत्त्व देने का मूलवर्ती कारण यह है कि उपन्यास, हिन्दी में ही नहीं, अन्य आधुनिक भारतीय भाषाओं में भी मूलतः पश्चिम के, अंग्रेजी के उपन्यासों के रचना-विधान की देन है। कहने को तो भारतीयता प्रेमी कविता और नाटक की भाँति दूसरी साहित्य विधाओं की परम्परा भी प्राचीन संस्कृत साहित्य में ढूँढ़ लेते हैं और साहित्य की हर आधुनिक विधा का स्रोत संस्कृत की कुछ कृतियों में सिद्ध कर देते हैं; किन्तु बावजूद इस तथ्य के, कि संस्कृत में बाण की 'कादम्बरी' संस्कृत गद्य में लिखी गई आख्यानक रचना है; और बावजूद इस तथ्य के कि आधुनिक मराठी भाषा में उपन्यास को 'कादम्बरी' ही कहा जाता है, हिन्दी तथा अन्य भारतीय भाषाओं में, आधुनिक काल में उद्भव कालीन जो उपन्यास सामने आए, वे 'कादम्बरी' की परम्परा के उपन्यास न होकर अंग्रेजी के 'नावेल' से अपना नैकट्य सूचित करते हैं और उन्हीं की तर्ज पर लिखे गए हैं। रचना-विन्यास उनका 'नावेल' जैसा है, उनकी अन्तर्वस्तु भारतीय सामाजिक जीवन से गृहीत और निर्मित है।

इधर हाल में ही प्रसिद्ध आलोचक डॉ. नामवर सिंह ने उपन्यास की भारतीयता पर विचार करते हुए अंग्रेजी के नावेल के अनुकरण पर लिखी गई औपन्यासिक रचनाओं को नहीं, उन औपन्यासिक रचनाओं को उपन्यास की भारतीयता की पहचान

में महत्त्वपूर्ण माना है, जो संस्कृत की 'कादम्बरी' की तर्ज पर या उसकी परम्परा में या फिर अंग्रेजी में जिन्हें नावेल के विपरीत 'रोमांस' कहा गया है, उनके अनुकरण पर लिखी गई हैं—मसलन, हिन्दी की 'चन्द्रकान्ता—चन्द्रकानता संतति' जैसी रचनाएँ, ठा. जगमोहन सिंह की 'श्यामा स्वप्न' जैसी रचनाएँ, जिनका विकास आगे चलकर 'हजारीप्रसाद द्विवेदी के 'बाणभट्ट की आत्मकथा', 'पुनर्नवा' 'चारुचन्द्र लेख' जैसे उपन्यासों में हुआ। 'रोमांस' को पुरुष विधा के रूप में व्याख्यायित करते हुए डॉ. नामवर सिंह ने अंग्रेजी के नावेल को न केवल इंग्लैण्ड की 'सोसाइटी लेडीज' के मनोरंजनार्थ लिखी कृतियाँ कहा है, 'परीक्षा गुरु' जैसी अंग्रेजी ढंग के 'नावेलों' में उन्होंने औपनिवेशिक मानसिकता के दर्शन भी किए हैं।

हम यहाँ उपन्यास की भारतीयता की किसी बहस में नहीं पड़ना चाहते; और न ही संप्रति वह हमारा प्रतिपाद्य है, हम मात्र इतना निवेदन करना चाहते हैं कि उपन्यास या किसी भी आधुनिक विधा की भारतीयता-अभारतीयता की पहचान उसकी अन्तर्वस्तु से होनी चाहिए न कि उसके रचना-शिल्प से। दूसरे, आधुनिक भारत के समाज, संस्कृति अथवा साहित्य पर दिखाई पड़ने वाले अंग्रेजी प्रभाव को हमेशा औपनिवेशिक मानसिकता की देन समझना ठीक नहीं है। तीसरे, नावेल भले औपनिवेशिक मानसिकता की देन हो, बकौल डॉ. नामवर सिंह उसका परवर्ती विकास इस तथ्य का साक्ष्य देता है कि औपनिवेशिक गुलामी के खिलाफ, अपनी सम्पूर्ण सर्जनात्मक ऊर्जा के साथ लिखने वाले वे ही लोग हैं, जिनके बारे में कहा जाता है कि उन्होंने अंग्रेजी के फार्म को अपनाया; मसलन, प्रेमचन्द, यशपाल आदि, जबकि नामवर सिंह के तथाकथित रोमांस तन्त्र-मन्त्र और किस्सागोई में ही अपनी सार्थकता खोजते और पाते रहे, निश्चय ही पं. हजारीप्रसाद द्विवेदी को छोड़कर, जिनकी चर्चा हम प्रसंग आने पर करेंगे।

लाला श्रीनिवास दास का 'परीक्षा गुरु' हमारे लिए कोई मानक कृति नहीं है। उद्भव कालीन उपन्यासों में उसका महत्त्व इस नाते है कि पहली बार उपन्यास के जाने-माने रचना-विधान के तहत एक कृति हिन्दी में आई, जिसे हिन्दी की पहली औपन्यासिक कृति होने का श्रेय मिला। दूसरे, परीक्षा-गुरु हो या उद्भव कालीन अन्य उपन्यास, उनका महत्त्व इस नाते भी है कि वे अपने समय के यथार्थ को, अपने समय के वैचारिक माहौल को अपने-अपने समय की सामाजिक तथा साहित्यिक संक्रान्ति को अपने ढंग से अपनी विषय-वस्तु में प्रतिबिम्बित करते हैं।

उद्भवकालीन उपन्यासों के रचयिताओं के सर्जनात्मक सरोकार एक से नहीं हैं; और न ही उनके विचारों में एकरूपता है। उनके उपन्यासों की विषय-वस्तु भी वैविध्यपूर्ण है। सीधे अपने समय के समाज को उसकी समस्याओं के साथ विषय-वस्तु के रूप में अपनाने वाले लेखक भी हैं और मध्यकालीन इतिहास में प्रवेश करते

हुए इतिहास-दृष्टि के अभाव में उस इतिहास को विरूप और विकृत करते हुए रीतिकालीन मानसिकता से रोमांस लिखने वाले लेखक भी हैं। इनके अलावा भावुक हृदय लेकर मूलतः प्रेम का भावात्मक आख्यान भी कुछ लेखकों ने किया है; गोकि उद्‌भवकालीन उपन्यासों में सबसे अधिक प्रसिद्धि और लोकप्रियता उन उपन्यासों को मिली, जो तिलस्म और रोमांस की, या जासूसी के रोमांच की विषय-वस्तु को लेकर सामने आए विशुद्ध मनोरंजन को अपना लक्ष्ण घोषित करते हुए।

जाहिर है कि ये उपन्यास, वे नावेल की अनुकृति हों, अथवा रोमांच की, कलात्मक दृष्टि से बहुत सामान्य कलाकृतियाँ हैं। हिन्दी गद्य का प्रारम्भिक रूप इसमें अवश्यक मिलता है; किन्तु गद्य-भाषा का कोई मानक भी ये नहीं बनाते। भावात्मक प्रेमाख्यानों को छोड़ दें, जिनमें काव्यात्मक भाषा तथा भावुक कथन हैं, और तिलस्मी-जासूसी उपन्यासों को छोड़ दें, जिनमें कम से एक कौतूहल और रोमांच है; जो कृतियाँ सामाजिक विषय-वस्तु वाली हैं, वे बहुत रूखी और सपाट हैं। उनमें उपदेश तथा नीति-कथनों की प्रधानता है तथा कथा के विन्यास और पात्रों के चरित्र-चित्रण में भी चुस्ती या बारीकी नहीं। ऐतिहासिक कहे जाने वाले प्रेमाख्यानों में इतिहास की तो विकृति है ही, प्रणय का बहुत ही सतही चित्रण है। रीतिकालीन शृंगारी मानसिकता की स्थिति भी उनमें है। कम से कम किशोरीलाल गोस्वामी के यहाँ ऐसा ही है, जो उपन्यास को प्रेम का आख्यान ही मानते थे। इन सारे उपन्यासों का महत्त्व केवल इस अर्थ में है कि, जैसा हमने निवेदन किया है, इनमें पुनर्जागरणकालीन सामाजिक जीवन की संक्रान्ति तथा वैचारिक अंतर्विरोधों को लक्ष्य किया जा सकता है। हिन्दू जातीयता तथा हिन्दू पुनरुत्थानवादी सोच का प्रतिबिम्बन उनमें है, मुसलमानों के प्रति हीनभाव का प्रदर्शन उनमें है; तथा चली आ रही सामाजिक-धार्मिक रूढ़ियों का प्रबल समर्थन एक ओर उनमें है, सनातन धर्म की महिमा का आख्यान उनमें है, तो दूसरी ओर आर्य समाज के प्रभाववश कुछ उपन्यासों में धर्म तथा समाज-सुधार आन्दोलनों का समर्थन भी है। इसी प्रकार यदि एक स्तर पर भारतीय संस्कृति के नाम पर उसके अच्छे-बुरे में भेद न करके उसका सर्वांशतः स्वीकार तथा पश्चिमी सभ्यता और संस्कृति का अंधविरोध है, तो ऐसे उदाहरण भी हैं, जहाँ भारतीय संस्कृति के आदर्शों के प्रति निष्ठा के साथ उसकी रूढ़ियों का तिरस्कार एवं पश्चिम के ज्ञान- विज्ञान को अपनाने का आग्रह भी है। यही बिन्दु इन्हें नवजागरणकालीन माहौल से जोड़ते हैं।

कुछ विस्तार में जाकर वैविध्यपूर्ण विषयवस्तु वाले इन उपन्यासों की अंतर्यात्रा करें, तो सामाजिक-नीतिप्रधान-शिक्षाप्रद, उपदेशात्मक उपन्यासों में लाला श्रीनिवासदास के 'परीक्षा-गुरु' तथा बालकृष्णभट्ट के 'सौ अजान एक सुजान' उपन्यासों को लें। पहले में मदन मोहन नामक एक रईस व्यापारी के पश्चिमी ढंग को भोग-विलास में

लिप्त दिखाते हुए उसके चारित्रिक एवं व्यावसायिक अधःपतन का, उसके बुद्धिमान मित्र राजकिशोर द्वारा उसे प्रबोधते हुए सच्चे रास्ते पर पुनः लाए जाने का चित्रण है। भारतीय आदर्शों में रची-पगी मदनमोहन की स्त्री की सहिष्णुता और पतिभक्ति का भी वर्णन है, और अन्ततः मदनमोहन के पश्चात्ताप का भी। परिच्छेदों के प्रारम्भ में नीति-वाक्य, बीच-बीच में नीति-वाक्य और उपन्यासों का अन्त भी नीति वाक्यों से। कथा में विवरण प्रधानता के साथ-साथ संवाद भी। बाजार आदि के दृश्यों का वर्णन भी। 'सौ अजान एक सुजान' में भी एक बुद्धिमान सौ अज्ञानियों को सुधार सकता है, जैसी नीतिगत सोच के तहत बिगड़े का सुधार दिखाया गया है। दोनों उपन्यासों के लेखक भारतीय आदर्शों को वरीयता देते हुए भी, भारत की प्रगति के प्रति चिन्ताशील हैं। लाला श्रीनिवासदास भारत के भविष्य के हेतु औद्योगीकरण की हिमायत करते हैं। विचारों की यह नई रोशनी ही उनके उपन्यास को नवजागरण कालीन नई चेतना से जोड़ती है। वे कहते हैं—''जब तक हिन्दुस्तान में और देशों से बढ़कर मनुष्य के लिए वस्त्र और सब तरह की सुख-सामग्री तैयार होती थी, रक्षा के उपाय ठीक-ठीक बन रहे थे, हिन्दुस्तान का वैभव प्रतिदिन बढ़ता जाता था; परन्तु जब से हिन्दुस्तान का एका टूटा, और देशों में उन्नति हुई, भाप और बिजली आदि कलों द्वारा हिन्दुस्तान की अपेक्षा थोड़े खर्च, थोड़ी मेहनत और थोड़े समय में सब काम होने लगा, हिन्दुस्तान की घटती के दिन आ गये। जब तक हिन्दुस्तान इन बातों में और देशों के बराबर उन्नति न करेगा, यह घाटा कभी पूरा न होगा। पुनर्जागरण की नई चेतन के इन स्फुलिंगों के नाते ही ये उपन्यास महत्त्वपूर्ण बनते हैं; अन्यथा जैसा कहा गया, आगे के लिए कोई मानक ये नहीं दे पाते। सामाजिक यथार्थ से साक्षात्कार के नाते ही, भले ही, वह सतही हो, इन उपन्यासों के महत्त्व का एक अन्य कारण है। रहस्य, रोमांस और कल्पना की कीमियागरी से अलग कम से कम इन उपन्यासों के लेखकों के जेहन में उनके अपने समय की सामाजिक हलचल तो है तथा देश के भविष्य के प्रति एक विवेकशील दृष्टि भी।

सुधारवादी आन्दोलनों ने, जिनका सम्बन्ध धर्म तथा समाज-सुधार से था, पश्चिमी सभ्यता और संस्कृति के बढ़ते हुए आकर्षण तथा प्रभाव के बरक्स अपनी परम्परागत सभ्यता तथा संस्कृति की रक्षा के प्रति चिन्ताशील तथा आर्य समाजी विचारधाराओं के विरोध में सनातन धर्मी परम्परा को बनाए रखने के लिए आकुल इस दौर के लेखकों में से अनेक ने अपने उपन्यासों में अपनी इस दकियानूसी मानसिकता का परिचय दिया है। समाज तथा धर्म की चली आती हुई लीक में किसी प्रकार का हेर-फेर ये नहीं चाहते। बाहर की रोशनी से भयभीत और आतंकित ये कछुआ धर्मी मानसिकता के लेखक हैं। अनमेल विवाह, दहेज, विधवा-विवाह, बाल-विवाह जैसी बातों में इनका रुख नितान्त परम्परावादी है। युग के अनुरूप सामाजिक मान्यताओं

और आदर्शों में किसी भी प्रकार का परिवर्तन इन्हें स्वीकार नहीं। ये अनमेल विवाह का भी समर्थन करते हैं। स्त्री को पति को हर स्थिति में परमेश्वर मानने ही सीख देते हैं, ये बाल-विवाह का भी समर्थन जाते हैं तथा आदर्श वैधन्य को गौरवान्वित करते हुए विधवा-विवाह का विरोध करते हैं। ऐसे उपन्यासकारों में सिर-मौर पं लज्जाराम शर्मा मेहता हैं; गोकि पं. किशोरीलाल गोस्वामी भी अपने सामाजिक उपन्यासों में परंपरागत लीक से चिपके रहने को ही हिन्दू धर्म का आदर्श मानते हैं। 'स्वतंत्रता और परतंत्र लक्ष्मी', 'बिगड़े का सुधार अथवा सुखदेवी, 'सुशील विधवा', 'आदर्श हिन्दू' मेहता जी के कुछ उपन्यास हैं, जबकि 'लावण्यमयी', 'लीलावती वा आदर्श सती', 'चपला', 'पुनर्जन्म वा सौतिया डाह' आदि गोस्वामी जी के सामाजिक उपन्यास हैं। गोस्वामी जी का सामाजिक चिन्तन कितना रूढ़िबद्ध था यह उनके स्त्री-सम्बन्धी निम्नलिखित विचारों से जाना जा सकता है। स्त्री-शिक्षा का विरोध करते हुए एक स्थल पर वे लिखते हैं—"मेरी तो यह राय है कि लड़कियाँ कभी भी घर के बाहर अर्थात् पाठशाला में पढ़ने के लिए न भेजी जाएँ और उन्हें घर पर ही हिन्दी और संस्कृत तथा गृहकार्य की विधिवत शिक्षा दी जाय।" आदि-आदि। नितान्त रूढ़िवादी विचार हैं—गोस्वामी जी के स्त्रियों के बारे में, जो उस युग की एक मानसिकता का प्रतिनिधित्व करते हैं। इनके अलावा इन्हीं की लीक पर चलने वाले इस दौर के अन्य लेखक भी हैं। 'निस्सहाय हिन्दू' में राधाकृष्णदास द्वारा मुसलमानों के स्वेच्छाचार तथा अतिचार से त्रस्त हिन्दू जाति की निस्सहायता और यातना पर आँसू बहाते हैं परन्तु संख्या में अधिक न सही तो भी इस दौर के कतिपय उपन्यासकार पुनर्जागरण युग की धर्म तथा समाज सम्बन्धी नयी चेतना को भी मुखर करते हैं।

जिन उपन्यासों को भावप्रधान उपन्यास कहा गया है, इस दौर के इन भावप्रधान उपन्यासों की विषयवस्तु भले ही प्रणय कथा में सीमित हो, इनके लेखक भले ही भावुक-हृदय हों, किन्तु उनकी सामाजिक दृष्टि लज्जाराम शर्मा मेहता तथा गोस्वामी जी जैसे लेखकों से कहीं अधिक युग के अनुरूप और अग्रगामी है। 'श्यामास्वप्न' के लेखक डॉ. जगमोहन सिंह, 'अधखिला फूल' के लेखक अयोध्यासिंह उपाध्याय 'हरिऔध', 'सौन्दर्योपासक' और 'राधाकांत' जैसे उपन्यासों के रचयिता बाबू ब्रजनन्दन सहाय, वे लेखक है, जिन्होंने परम्परागत सामाजिक रूढ़ियों की आलोचना करते हुए प्रेम-विवाह की हिमायत की है, श्रम के महत्त्व की चर्चा की है तथा सामाजिक समानता के पक्ष का समर्थन किया है। भाव-प्रधान उपन्यासों के लेखक बावजूद अपनी भावुक रचनात्मक अभिव्यक्ति के, अपने सामाजिक दृष्टिकोण में पुनर्जागरण के सकारात्मक पक्षों को ध्वनित करते हैं। इन भावप्रधान उपन्यासों के अलावा भी इस दौर में ऐसी कृतियाँ रची गयीं, जिनमें यथास्थितिवादियों से वैचारिक स्तर पर टकराया गया है तथा परिवर्तन के स्वरों का समर्थन किया गया है। अपने कथा-विन्यास में

भावप्रधान उपन्यास काव्य का-सा आभास देते हुए भी अपेक्षाकृत इस दौर की आम कृतियों की तुलना में रोचक और सरस हैं।

संक्षेप में, कुछ चर्चा, इस दौर के तथाकथित ऐतिहासिक उपन्यासों या प्रेमाख्यानों की भी आवश्यक है—किशोरी लाल गोस्वामी इस दौर में जिनका प्रतिनिधित्व करते हैं। 'हृदयहारिणी या आदर्श रमणी', 'लवंगलता या आदर्श बाला', 'सुख शर्वरी', 'कनक कुसुम या मस्तानी', 'सुल्ताना रजिया बेगम या रंगमहल में हलाहल', 'चन्द्रावली', 'गुलबहार का आदर्श भ्रातृ स्नेह' गोस्वामी जी रचित कुछ ऐतिहासिक प्रेमाख्यान हैं। इतिहास की अपनी वस्तुनिष्ठता से गोस्वामी जी का कोई सरोकार नहीं है। उनके पास इतिहास-दृष्टि भी नहीं है, और यदि कुछ है तो वह उनके सनातनी हिन्दू पूर्वाग्रहों में रँगी हुई दृष्टि है। इतिहास के कुछ सुप्रसिद्ध चरित्रों के नाम अवश्य हैं; किन्तु उनके क्रियाकलापों के चित्रण में अधिकतर कल्पित घटनाएँ ही हैं। काल्पनिक चरित्र अधिक हैं। मुसलमानों के स्वेच्छाचार, मुसलमान बादशाहों की ऐय्याशी हिन्दुओं की वीरता आदि का चित्रण उन्होंने प्रायः किया है। आचार्य पं. रामचन्द्र शुक्ल ने उनके पूरे रचना-विधान को खारिज किया है तथा उन्हें नाम मात्र का भी ऐतिहासिक न कहकर, इतिहास की छीछालेदार के रूप में पेश किया है। 'उपन्यास' नामक एक पत्र के निकालने का श्रेय पाये गोस्वामी जी सचमुच उपन्यास विधा में अपने दौर में कोई मानक नहीं प्रस्तुत कर पाये। परिमाण में अधिक लिखते हुए भी वे ख्याति भी नहीं पा सके, जो उनके समकालीन तिलस्मी-जासूसी उपन्यास लेखकों—बाबू देवकीनन्दन खत्री तथा पं. गोपालराम गहमरी को मिली।

'चन्द्रकान्ता' 4 भाग, चन्द्रकाता सन्तति 24 भाग तथा 'भूतनाथ' जैसे तिलस्मी उपन्यासों के लेखक बाबू देवकीनन्दन खत्री ने अपने समय में अद्भुत लोकप्रियता प्राप्त की। कहा जाता है कि हजारों की तादाद में गैर-हिन्दी भाषा-भाषियों ने उनके उपन्यासों को पढ़ने के लिए हिन्दी सीखी। इन तिलस्मी उपन्यासों की रचना में खत्री जी का दृष्टिकोण विशुद्ध मनोरंजन प्रधान है। उनका सारा ध्यान इस बात पर है कि उनके उपन्यासों का पाठ कौतूहलवर्द्धक हो। इसके साथ-साथ वे अपने समय के पाठकों को बहुरूपियों, ठगों-लुटेरों से सावधान भी करना चाहते हैं। 'ऐय्यार' नाम के एक अद्भुत चरित्र की सृष्टि भी उन्होंने की है। ये ऐय्यार सूरत बदलने में माहिर हैं। किसी की भी सूरत में आकर ये प्रतिपक्षी को हैरान कर देते हैं। इनके ऐय्यारी झोले में भाँति-भाँति के रसायन, दवाइयाँ, बेहोश करने की दवा—लखलखा, रस्सी आदि बराबर होती है। ये चटपट अपना काम कर डालते हैं। बुद्धिमान और चालाक होने के साथ-साथ बलिष्ठ भी हैं। पुरुष ही नहीं इनके उपन्यासों में स्त्रियाँ भी ऐय्यारी करती हैं। ये ऐय्यार हर फन में माहिर हैं। उपन्यासों में कहानी नाम की कोई खास चीज नहीं है। है तो बहुत सीमित। किसी रजवाड़े के किसी राजकुमार का

दूसरे रजवाड़े की राजकुमारी से प्रेम है। प्रेम की तड़प एकदम रीतिकालीन शैली की है। दोनों रजवाड़ों में प्रतिद्वन्द्विता है। दोनों के पास ऐय्यारों की अच्छी खासी जमात है। अस्त्र-शस्त्र के कम—दोनों में युद्ध बुद्धि-बल से ही अधिक होता है। प्रेमियों के मिलन की बाधाएँ बुद्धिबल से ही हटायी जाती हैं और बुद्धिबल से ही जुटाई भी जाती है। प्रतिद्वंद्विता ऐय्यारों के अपने-अपने हुनर और कौशल की है। सारे उपन्यास घटना-प्रधान विवरणात्मक हैं। कौतूहल ही पाठक को एक के बाद दूसरी घटना की ओर ले जाता है—और कथा के अन्त तक बराबर बना रहता है। इन उपन्यासों में कुछ भी, कभी भी घटित हो सकता है। तिलस्म का एक जाल-सा सारे उपन्यास में फैला है। एक तिलस्म हटता है, दूसरा सामने आ जाता है। एक अवरोध हटता है, दूसरा प्रकट हो जाता है। प्रेमी युग्म तड़पते रहते हैं। अन्ततः उनका मिलत होता है। कुतूहल और रोचकता इतनी कि पाठक साँस रोके एक घटना से दूसरी पर, आप से आप बढ़ता जाता है। बीच-बीच में उपन्यासकार भी पाठकों से बात करता है। किस्से की टूटी लड़ियाँ कहाँ जुड़ेंगी, इसका संकेत देता है, पाठकों की स्मृति को जगाए रखता है। पाठक उपन्यासकार के इशारों पर आगे-पीछे की घटनाओं को क्रमबद्ध करता हुआ आगे बढ़ता रहता है। अद्भुत है खत्री जी की किस्सागोई और पाठकों की चेतना को अपने वश में किये रहने का उनका हुनर। यह गलत नहीं है कि गैर-हिन्दीभाषा-भाषियों ने इन उपन्यासों को पढ़ने के लिए हिन्दी सीखी। खत्री जी के उपन्यास सचमुच रोमांचक, रोचक और कथा रस से सराबोर हैं।

इधर उद्भव कालीन उपन्यासों में अन्य किसी धारा की रचनाओं के पुनर्मूल्यांकन की तो नहीं, किन्तु बाबू देवकीनन्दन खत्री की कृतियों के पुनर्मूल्यांकन की बात उठी है; और इस दिशा में कुछ सशक्त प्रयास भी हुए है। वस्तुतः आचार्य शुक्ल ने इन उपन्यासों को मात्र मनोरंजन प्रधान घोषित करते हुए इन्हें एक प्रकार से खारिज ही कर दिया था। आगे भी इन्हें मात्र समय काटने की चीज ही माना गया। इन पर गम्भीर विचार-विमर्श की कोई भी जरूरत नहीं समझी गयी। यह भी कहा गया कि इनमें उद्भवकालीन दौर की चेतना का नाम-निशान भी नहीं है। ये वैचारिकता से रहित विशुद्ध कुतूहल जगाने वाले और कथा-रस से पाठकों का मनोरंजन करने वाले उपन्यास हैं।

'चन्द्रकान्ता' तथा 'चन्द्रकान्ता-सन्तति' जैसे उपन्यासों के पुनर्मूल्यांकन की ओर सबसे पहले ध्यान आकर्षित किया चन्द्रबलीसिंह ने 'लोकदृष्टि और हिन्दी साहित्य' शीर्षक अपनी पुस्तक में लिखे गये एक निबन्ध में। उन्होंने प्रतिपादित किया कि मात्र मनोरंजन प्रधान कहकर इन उपन्यासों को खारिज नहीं करना चाहिये। पुनर्जागरण कालीन चिन्तन तथा क्रियाकलापों की हलकी अनुगूँज इन उपन्यासों में है, उसे रेखांकित और विशद किया जाना चाहिये। गोकि इन उपन्यासों में प्रणय

की अभिव्यक्ति रीतिकालीन आकुलता, मूर्च्छा आदि के अतिरंजित वर्णनों में हुई है; किन्तु इन उपन्यासों में चित्रित प्रणय रीतिकालीन मानसिकता का प्रेम नहीं है। वह एकनिष्ठ प्रेम है, जो सामन्ती प्रणय-भावना का प्रतिवाद करता है। कालांतर में राजेन्द्र यादव नें अलग से एक निबन्ध में इन उपन्यासों का और इनकी रचना के मूल में निहित मानसिकता का विश्लेषण किया। यह चन्द्रकान्ता के पुनर्मूल्यांकन का पहला गम्भीर प्रयास था। प्रदीप सक्सेना ने 'आलोचना' पत्रिका के 'चन्द्रकान्ता' विषयक अपने एकाधिक शोधपरक लेखों में इस पुनर्मूल्यांकन को इतनी सघन वैचारिकता प्रदान की कि उन्होंने तथ्य देते हुए इन उपन्यासों को साम्राज्यवाद विरोधी उपन्यास बताया और इनके सारे तिलस्म को साम्राज्यवाद विरोध की जमीन पर विश्लेषित किया। इस स्थापना में अतिरंजना जरूर है, किन्तु 'चन्द्रकान्ता' जैसे उपन्यासों को नये सिरे से समझने का गम्भीर प्रयास भी है।

हम इस पक्ष में नहीं हैं कि अनावश्यक बुद्धि-क्रीड़ा करते हुए इन उपन्यासों के पुनर्जागरण या साम्राज्यवाद विरोध का प्रतिबिम्ब सिद्ध किया जाये; किन्तु हम इस पक्ष में जरूर हैं कि इनके भीतर पैठकर इनमें व्यक्त युग के स्पन्दनों को सुना जाये, जो भले ही अपरिष्कृत रूप में इनमें हैं। मनोरंजन प्रधान उपन्यास ये हैं—जैसा कि इनके लेखक ने स्वयं स्वीकार किया है; किन्तु इनमें तत्कालीन युग की अभिव्यक्ति भी अपने ढंग से हुई है। 19वीं सदी उत्तरार्द्ध में नवजागरण के विचारक भारत के औद्योगीकरण, विज्ञान आदि के प्रति जो व्याकुल दिखाई देते हैं—'चन्द्रकान्ता' में इस प्रकार की अनेक तकनीकी तजबीजें हैं, जो खत्री जी की इस मानसिकता को सामने लाती है कि विज्ञान और उसके साथ जुड़ी तकनीक भारत में आये। खटाक-से तिलस्मी दरवाजों का खुलना, भाँति-भाँति के यंत्र, मशीनरी आदि की जो बातें 'चन्द्रकान्ता' के तिलस्मी विवरणों में आयी हैं, वे खत्री जी की इस आकांक्षा के तहत ही आयी हैं कि विज्ञान का प्रवेश हमारे यहाँ हो। जरूरी है कि इन उपन्यासों का पुनर्मूल्यांकन किया जाये। मधुरेश जी खत्री पर लिखी पुस्तक में भी 'चन्द्रकान्ता' जैसे उपन्यासों को नयी दृष्टि से देखने की कोशिश है।

जासूसी उपन्यासों में भी बुद्धि-वैभव का रोमांच है—विशुद्ध बुद्धि वैभव। किसी चोरी, हत्या आदि के रहस्य को जासूस अपने बुद्धि-बल से खोलता है—सारी रोमांचकता और कौतूहल के बावजूद गहमरी जी इसके माध्यम से यह भी कहना चाहते हैं कि बुद्धि-बल में भारत किसी से हीन नहीं है।

तथापि ये उपन्यास मूलतः मनोरंजन प्रधान उपन्यास ही हैं। इनकी लोकप्रियता भी इनकी कथावस्तु की कौतूहलवर्धक घटनाओं के नाते है। विशुद्ध कल्पना की कीमियागिरी से पुष्ट इन उपन्यासों ने अपने समय में धूम मचा दी थी। किन्तु समय के जो अन्य दबाव रचनाकारों पर पड़ रहे थे, उनके चलते हिन्दी उपन्यास कल्पना

और कुतूहल, रोमांस और रोमांच में ही सीमित होकर नहीं रह सकता था। आगे का युग प्रवर्तन इसका प्रमाण है।

समग्रतः, हिन्दी के उद्‌भवकालीन उपन्यासों का महत्त्व इस नाते ऐतिहासिक है कि वे हिन्दी के पहले दौर के उपन्यास हैं। आगे के लिए कोई महत्त्वपूर्ण विरासत ये नहीं बन सके—सिवाय इसके कि सामाजिक विषयवस्तु वाले उपन्यासों में अपने समय के सामाजिक यथार्थ से रू-ब-रू होने की एक हल्की कोशिश है। अंग्रेजी ढंग अपनाने के बावजूद इनका रचना-विन्यास शिथिल है। अंतर्वस्तु कमजोर है तथा समस्याओं पर सतही ढंग से विचार किया गया है। अधिकतर उपन्यासों में रचनाकारों का दृष्टिकोण बहुत ही पिछड़ा हुआ है। रूढ़ियों-रीतियों तथा चले आते संस्कारों के हिमायती ये लेखक पुनर्जागरण के सकारात्मक पहलुओं से नितान्त कटे हुए हैं और एक भग्नप्राय परम्परा का दयनीय समर्थन करते दिखाई पड़ते हैं। जहाँ नई रोशनी से साक्षात्कार का प्रयास है, वहाँ भी वैचारिकता कम भावुकता या निहायत रूखी उपदेशात्मकता है। किस्सागोई जरूर कुछ उपन्यासों में है, और इन्हीं उपन्यासों ने इस काल में लोकप्रियता भी पायी है। ये आरम्भिक उपन्यास हैं, जो आरम्भिक होने के नाते ही ऐतिहासिक महत्त्व के बन सके हैं। 19वीं सदी उत्तरार्द्ध की सामाजिक तथा सांस्कृतिक संक्रान्ति के गम्भीर प्रस्तोता न होते हुए भी ये उस संक्रान्ति का एक हल्का आभास अवश्य देते हैं। हिन्दी उपन्यासों में जो युग-प्रवर्तन बीसवीं सदी की शुरुआत में प्रेमचन्द के आगमन से हुआ, उस युग-प्रवर्त्तन की पूर्व-पीठिका को अवश्य बड़े ही कमजोर स्वरूप में इन उपन्यासों में पाया जा सकता है, उसका कोई स्पष्ट तथा सशक्त पूर्वाभास ये नहीं दे पाते।

निष्कर्ष

पूर्व-प्रेमचन्द युग के उपन्यासकारों एवं उपन्यासों के साम्प्रदायिक मनोभावना के परिप्रेक्ष्य में उक्त विवेचन से स्पष्ट होता है कि साम्प्रदायिक विद्वेष अथवा साम्प्रदायिक भावना जैसी कोई भी बात उनकी जेहनियत में नहीं है। उनके उपन्यासों के विषय या तो नीतिपरक हैं, या सामाजिक-सुधारवादी। कुछ उपन्यासकारों ने मनोरंजन को केन्द्र में रखकर तिलस्मी ऐयारी या जासूसी उपन्यास लिखे, तो कुछ ने भावात्मक उपन्यासों का प्रणयन किया, जिनका विषय मूलतः हिन्दू समाज की जटिल मर्यादाओं के बरक्स सात्त्विक प्रेम का पक्ष लेता रहा है, जिसकी परिणति प्रायः दुखान्त हुई है। कुछेक उपन्यासकारों—मसलन, किशोरीलाल गोस्वामी ने सामाजिक विषयों के अलावा ऐतिहासिक विषयों पर भी उपन्यास लिखे, जिनमें इतिहास तो कम, इतिहास की विकृति अधिक है। वस्तुतः इन तथाकथित ऐतिहासिक प्रेमाख्यानों में ही हिन्दू-मुसलमान पात्र तथा उनसे सम्बद्ध कथानक आया है। मुसलमान पात्र अधिकतर इतिहास प्रसिद्ध

व्यक्ति हैं, जिनकी काल्पनिक प्रणय कथा को अथवा जिनसे सम्बद्ध ऐतिहासिक घटना को ही मनमाने ढंग से पेश करते हुए प्रायः इन मुसलमान शासकों, सूबेदारों आदि की विकृत छवि ही उभारी गयी है। इन्हें स्वार्थी, अत्याचारी, कामुक एवं लम्पट रूप में चित्रित किया गया है। मुसलमान पात्रों के प्रति ऐसी ही पूर्वाग्रह युक्त दृष्टि देवकीनन्दन खत्री की है, जिनके उपन्यासों के विषय नितान्त कल्पित हैं, किन्तु किसी भी मुसलमान पात्र को, यदि वह उनके कथानक में प्रसंगतः आ गया है, तिरस्कार एवं अवहेलना के साथ ही देखा या चित्रित किया गया है। शेष उपन्यासकारों के यहाँ मुलसमान पात्र आये ही नहीं हैं, वे अधिकतर सामाजिक नैतिक शिक्षा के दायरे में ही अपनी सुधारवादी मनोवृत्ति का परिचय देते रहे हैं।

किन्तु बावजूद कतिपय उपन्यासों में मुसलमान पात्रों की छवि को विकृत रूप में पेश करने के अथवा उन्हें हिकारत से देखने के, हम इन उपन्यासों को साम्प्रदायिक मनोभावना से ग्रस्त नहीं मानते। इनके उपन्यासों का प्रभाव भी ऐसा नहीं है कि वह समाज में धार्मिक साम्प्रदायिक विद्वेष की सृष्टि करता हो। मुसलमान शासक हों अथवा साधारण वर्ग का मुसलमान उसके प्रति इनकी हिकारत, उपेक्षा भाव या उसके प्रति इनका पूर्वाग्रह नवजागरण काल की उस मनोवृत्ति का ही एक हिस्सा है, जिसके तहत हिन्दू-जातीयता की भावना के साथ, मुस्लिम शासकों तथा मुसलमानों की आलोचना, उपेक्षा तथा अंग्रेज शासन के प्रति समर्थन का भाव प्रमुख होकर नवजागरण कालीन लेखकों में ही अभिव्यक्त नहीं हुआ है, नवजागरण कालीन सामाजिक विचारक तथा चिन्तक भी जिससे अछूते नहीं रहे हैं। यह और बात है कि इन्हीं में से कुछ हिन्दू जातीयता के कट्टर समर्थक तथा मुसलमानों के शासन के उतने ही कट्टर आलोचक बनते हुए हिन्दू पुनरुत्थानवाद के प्रेरक भी सिद्ध हुए हैं।

जब हम इस मुस्लिम-विद्वेष की गहराई में जाते हैं और उसके कारणों की पड़ताल करते हैं, तो स्पष्ट होता है कि एक तो पूर्ववर्ती मुस्लिम शासकों में से कुछ की धर्मान्धता इसके मूल में है, जिसकी स्मृति साधारण हिन्दू मानस में लम्बे समय तक विद्यमान रही; दूसरे हिन्दू मानस सदैव मुसलमानों को बाहरी हमलावरों के रूप में ही स्वीकार करता रहा है, जिन्होंने जबरन भारत पर कब्जा किया और अत्याचार ढाये; तीसरे मुस्लिम शासन का अंग्रेजों के शासन से पहले का लम्बा दौर, निहायत अस्तव्यस्तता, बदइन्तजामी, अराजकता का दौर रहा, जिसके अन्तर्गत सामाजिक सुरक्षा का लोगों ने सर्वथा अभाव महसूस किया। यह समय, अर्थात 19वीं सदी उत्तरार्द्ध का समय, भारत के आधुनिक युग में प्रवेश का समय था, जिसके लिए चाहे अनचाहे, जाने-अनजाने अंग्रेज शासकों ने परिस्थितियाँ पैदा कर दी थीं। नवजागरण का शिक्षित भारतीय वर्ग, जिसे हम तत्कालीन भारत के उदीयमान बुर्जुआ वर्ग के रूप में भी परिभाषित कर सकते हैं, इस धारणा का कायल था कि मुसलमान शासकों के

समय की अराजकता, असुरक्षा, बदइन्तजामी एवं अस्तव्यस्तता की तुलना में ब्रिटिश शासकों के शासन में आई अपेक्षाकृत सुरक्षा की भावना एवं चुस्त प्रशासन में ही देश आकांक्षित आधुनिकता के दौर में प्रवेश कर सकता है। यही कारण है कि सन् 1857 की असफल क्रान्ति के दौरान हिन्दू-मुसलमानों द्वारा अंग्रेजों का सामूहिक रूप से किया गया प्रतिरोध भी उनकी उपर्युक्त जेहनियत को नहीं बदल सका और यही कारण है कि नवजागरण के समूचे दौर में महज साहित्यिक लेखन में ही नहीं, नवजागरण कालीन विचारकों के लेखन में भी सन् 1857 का समर्थन नहीं मिलता और हिन्दू-मुस्लिम एकता का आदर्श तो दूर की बात, उल्टे अंग्रेजी शासन का दृढ़ समर्थन दिखाई पड़ता है। कदाचित् ये विचारक सन् 1857 की क्रान्ति की सफलता चाहते भी नहीं थे, कारण कि उन्हें आशंका थी कि क्रान्ति की सफलता की स्थिति में, अर्थात् अंग्रेजों के राजनीतिक पराभव की स्थिति में मुसलमानों का शासन फिर से स्थापित हो जाएगा और देश मध्यकालीनता के दायरे से, असुरक्षा और अराजकता के चंगुल से उबर नहीं सकेगा।

पूर्व-प्रेमचन्द युग के उपन्यासकारों में से कुछ में यदि मुसलमान शासकों या साधारणतः मुसलमानों के प्रति पूर्वाग्रहयुक्त दृष्टिकोण पाया जाता है, जो लगभग नगण्य है, उसे नवजागरणकालीन उपर्युक्त मनोवृत्ति का हिस्सा माना जाना चाहिये। वह साम्प्रदायिक मनोभावना नहीं है, कम से कम उस अर्थ में, उसका जो अर्थ आज है।

6

प्रेमचन्द और उनके समकालीन उपन्यासकार

प्रेमचन्द का हिन्दी उपन्यास के क्षेत्र में पदार्पण एक नये युगारम्भ का सूचक है। प्रेमचन्द के कृतित्व में हिन्दी उपन्यास पहली बार आधुनिक युग में प्रवेश करता है, आधुनिकता की सही अवधारणा के तहत। प्रेमचन्द का समय सही अर्थों में राष्ट्रीय आन्दोलन का समय भी है, जबकि राष्ट्रीय आन्दोलन का नेतृत्व करने वाली "इंडियन नेशनल कांग्रेस" अपने सीमित चरित्र, सीमित लक्ष्य एवं सीमित मानसिकता से आगे बढ़कर सही अर्थों में देश की राजनीतिक आजादी की लड़ाई का मंच बनती है, एक प्रशक्त जनाधार प्राप्त करती है और हिन्दू-मुसलमान, दोनों को साथ लेकर उपनिवेशवाद के विरुद्ध अपने अभियान का प्रारम्भ करती है, उसे तेज करती है।

जिसे हमने साम्प्रदायिक मनोभावना या साम्प्रदायिकता के रूप में परिभाषित किया है, साम्प्रदायिकता की यह प्रवृत्ति भी विशुद्ध आधुनिक युग की औपनिवेशिक शासकों और शासन की देन है, जिसके कुछ भारतीय स्रोत भी हैं, जिन्हें हमने नवजागरण तथा मुक्ति-आन्दोलन के अपने संक्षिप्त विवेचन में पहचाना और रेखांकित किया है। हमारे कहने का तात्पर्य यह कि प्रेमचन्द हिन्दी उपन्यास के मंच पर एक ऐसे समय में आते है, जब देश के समक्ष औपनिवेशिक गुलामी से मुक्ति की समस्या के अलावा साम्प्रदायिकता—हिन्दू-मुस्लिम साम्प्रदायिकता—जैसी दूसरी समस्याएँ भी चुनौती के रूप में विद्यमान थीं। हिन्दू तत्त्ववाद तथा हिन्दू पुनरुत्थानवाद के बरक्स मुस्लिम तत्त्ववाद तथा मुस्लिम पुनरुत्थावाद भी सामने आ चुका था। हिन्दू-मुसलमान दो अलग-अलग कौम या राष्ट्र के रूप में परिभाषित होने लगे थे; यद्यपि इसका प्रतिवाद और प्रतिरोध भी था। मुस्लिम लीग का जन्म हो चुका था और उसके द्वारा कांग्रेस हिन्दू संस्था के रूप में प्रचारित की जाने लगी थी। प्रेमचन्द उपन्यास लेखक ही नहीं अपने समय के एक जागरूक पत्रकार भी थे; अतएव देश के राजनीतिक-सामाजिक जीवन के इस समूचे घटनाक्रम से वाकिफ थे; उसके प्रति अपनी दृष्टि या दृष्टिकोण भी रखते थे। अपने प्रारम्भिक लेखकीय जीवन में वे शुरू में तिलक के राष्ट्रवाद से प्रभावित थे, गोकि शीघ्र ही वे गाँधी जी के भक्त भी हो गये। धार्मिक

दृष्टि से वे आर्य समाज के धार्मिक सुधारवाद के कायल थे। गाँधीवाद से उनका मोहभंग भी कालान्तर में हुआ और वे समाजवाद की विचारधारा के कट्टर समर्थक के रूप में सामने आये। उनका आरम्भिक सारा लेखन उर्दू में हुआ; हिन्दी में उनकी कृतियों के अनुवाद बाद में आये। कालान्तर में वे उर्दू और हिन्दी दोनों में लिखते रहे और बाद में हिन्दी को ही उन्होंने अपने लेखन का माध्यम बनाया। साम्प्रदायिकता के परिप्रेक्ष्य में प्रेमचन्द और उनके कृतित्व की चर्चा के हेतु उपर्युक्त भूमिका की जरूरत थी। अगली पंक्तियों में हम यह देखने का प्रयास करेंगे कि साम्प्रदायिकता की भावना के बरक्स एक उपन्यासकार के रूप में प्रेमचन्द की एप्रोच क्या है और उन्होंने इस साम्प्रदायिकता की भावना से अपने सर्जनात्मक लेखन में किस प्रकार आँखें चार की हैं।

(1) **मुंशी प्रेमचन्द :** साम्प्रदायिकता का सवाल प्रेमचन्द के यहाँ उनके राष्ट्रीय दृष्टिकोण का अविभाज्य अंग बनकर आया है। प्रेमचन्द के उपन्यास प्रभा दीक्षित के इस दृष्टिकोण की पुष्टि करते हैं कि मुख्य अंतर्विरोध राष्ट्रवाद और साम्प्रदायिकता की भावना के बीच है, साम्प्रदायिकता वह मनोवृत्ति अथवा विचारधारा है, जो सीधे राष्ट्रवाद के विरोध में जन्म लेती है। साम्प्रदायिक सद्‌भाव को लक्ष्य बनाकर प्रेमचन्द ने कुछ कहानियों की रचना भले की हो, सीधे-सीधे उन्होंने उसे अपने उपन्यासों का विषय नहीं बनाया है। वह प्रसंगतः ही उनके उपन्यासों में उनके राष्ट्रीय दृष्टिकोण के तहत मिलती है और हर स्तर पर प्रेमचन्द उसका विरोध करते हैं। साम्प्रदायिकता का, यह हिन्दू साम्प्रदायिकता हो अथवा मुस्लिम साम्प्रदायिकता, प्रेमचन्द इस नाते कड़ा विरोध करते हैं कि उनके अनुसार राष्ट्रीय स्वतन्त्रता के लक्ष्य में वह सबसे बड़ी बाधा है। पत्रकार और निबन्ध लेखक के रूप में जब तब उन्होंने सीधे साम्प्रदायिकता की मनोवृत्ति पर आक्रमण किया है। वे भी इसे मूलतः राजनीति का, सत्ता की राजनीति का हिस्सा मानते हैं; धर्म और संस्कृति को सत्ता के इस संघर्ष में दोनों ही वर्गों के नेता तथा अभिजातवर्गीय लोग मुहरे की तरह इस्तेमाल करते हैं। उनका एक प्रसिद्ध निबन्ध है, जिसे बहुधा उद्‌धृत किया जाता है–'साम्प्रदायिकता और संस्कृति', जिसके अन्तर्गत उन्होंने कहा है कि साम्प्रदायिकता हमेशा धर्म या संस्कृति का लबादा ओढ़कर या मुखौटा लगाकर सामने आती है, उसे सीधे-सीधे अपने असली रूप में सामने आने में शर्म आती है।

प्रेमचन्द, जैसा कि हम कह चुके हैं, साम्प्रदायिकता की मनोभावना का हर स्तर पर विरोध करते हैं; वह हिन्दू साम्प्रदायिकता हो अथवा मुस्लिम साम्प्रदायिकता। आर्य समाजी विचारधारा के होते हुए भी उन्होंने आर्य समाज के शुद्धि-आन्दोलन का इस नाते विरोध किया कि यह विशुद्ध साम्प्रदायिक मनोभाव से प्रेरित आन्दोलन था। साम्प्रदायिकता के हामियों का एक हथियार अतीत का इतिहास है, जिसे अपने

ढंग से तोड़-मरोड़ कर वे अपनी साम्प्रदायिक दलीलों को ताकत प्रदान करते हैं। इस बिन्दु पर वे इतिहास का विरोध करते हैं—इतिहास का विरोध नहीं, उसका दुरुपयोग अपने न्यस्त स्वार्थों हेतु किये जाने का विरोध। वे नये सिरे से इतिहास-लेखन के हिमायती हैं; जबकि उनका विचार है कि हमारा इतिहास लेखन अधिकतर साम्प्रदायिक इतिहास लेखन है। मुहम्मद हबीब जैसे भारतीय इतिहास लेखकों की उन्होंने इस नाते सराहना की है कि उनके इतिहास में तथ्यों की व्याख्या साम्प्रदायिक मनोवृत्ति से नहीं की गयी, वरन् वस्तुनिष्ठ तरीके से इतिहास में घटित होने वाली घटनाओं को व्याख्यायित किया गया है।

हिन्दी के उपन्यास लेखकों के बारे में आमतौर से यह शिकायत की जाती है कि उनके उपन्यासों में मुस्लिम चरित्र या उनसे जुड़े कथा-प्रसंग नहीं होते। वस्तुतः गैर-साम्प्रदायिक मनोवृत्ति का यह कोई पैमाना नहीं है कि हिन्दू-मुसलमान चरित्रों का मिला-जुला चित्रण उपन्यास में हो ही! लेखक को अपनी रचना में वे ही कथा-प्रसंग उठाने चाहिये, जो उसकी स्वानुभूति का हिस्सा हो। उन्हीं चीजों की योजना उसे करनी चाहिये, जिनके बारे में वह जानता हो और जिनके अन्तर्वाह्य को वह प्रामाणिकता के साथ प्रस्तुत कर सकता हो। आयास साध्य कथानक उपन्यास को जीवन्तता देने के बजाय कमजोर ही करेगा। वस्तुतः जो जीवन हमारे आसपास है और जिसे हम जी रहे हैं, जो हमारे अनुभवों का जीवन है, हम देखते हैं कि उसमें हिन्दू-मुसलमान दोनों की साझी शिरकत है। फिर भी यह सच्चाई है कि हम मुसलमानों के सामाजिक जीवन की, उनके धर्म, ईमान की कुछ सतही बातों से भले परिचित हों। हम उनके घर-परिवेश की भीतरी जिन्दगी से, उतकी घनिष्ठता से परिचित नहीं हैं। घर-परिवार के स्तर पर हिन्दू-मुसलमानों में जैसा गहरा रिश्ता होना चाहिये था, बावजूद लम्बे समय के साथ-साथ रहने के, वह हमारे अपने जीवन का हिस्सा नहीं बना। यही कारण है कि हिन्दी के अधिकांश उपन्यास लेखकों की रचनाओं में, जो संयोगवश हिन्दू हैं, मुसलमानों के घर-परिवारों का जीवन, उनकी सामाजिक सांस्कृतिक, आर्थिक मनोवृत्तियों के चित्र नहीं मिलते। किन्तु इसे किसी प्रकार की साम्प्रदायिक मनोवृत्ति का परिणाम नहीं मानना चाहिये। फिर भी, एक सच्चाई है, जिसे हमें स्वीकार करना चाहिये और वह यह कि विचारों से कतई साम्प्रदायिक न होते हुए भी महत्त्वपूर्ण से महत्त्वपूर्ण, सौ फीसदी धर्म-निरपेक्ष हिन्दू या मुसलमान लेखक कहीं न कहीं इस अहसास से ग्रस्त है, या ग्रस्त न भी हों, तो भी चाहे-अनचाहे, जाने-अनजाने उनकी चेतना में यह अहसास है कि वह धर्म से हिन्दू या मुसलमान है। यही कारण है कि जब वह लिखता है, हिन्दू या मुसलमान होने के नाते अपने धर्म और अपने समाज की असलियत को तो निर्ममतापूर्वक बेनकाब करता है, उसकी कड़ी से कड़ी आलोचना करता है; किन्तु जब दूसरे धर्म या समाज की बात सामने आती है, तो

वह कहीं-न-कहीं अपने विशिष्ट धार्मिक अहसास के नाते दूसरे धर्म या समाज की आलोचना करने में संकोच करता है, इस कारण कि कहीं उसे गलत न समझ लिया जाय। सच्चे सेक्यूलर व्यक्ति में इस प्रकार का अहसास नहीं होना चाहिये। हमने मध्यकाल में कबीर को एकमात्र सच्चे सेक्यूलर संत के रूप में इस नाते रेखांकित किया है कि अकेले वही हैं, जो हिन्दू मुसलमान होने के अहसास से पूर्णतः रहित हैं और बिना किसी लाग-लपेट के दोनों धर्मों की रूढ़ियों या अतिवादों की धज्जियाँ उड़ायी हैं। आधुनिक युग में यदि कबीर का कोई समानधर्मा है तो वे मुंशी प्रेमचन्द हैं।

प्रेमचन्द आधुनिक युग के लेखकों में अकेले हैं जो कि अपने को 'न हिन्दू, न मुसलमान' होने की बात साहस से कहते हैं और साहसपूर्वक अपनी इंसानियत को, अपने इंसान होने को, हिन्दू होने या मुसलमान होने से बड़ा मानते हैं। ये प्रेमचन्द ही हैं, जो अधिकारपूर्वक सहज ही आसानी से हिन्दू घरों में प्रवेश करते हैं, उतनी ही सहजता और उतनी ही आसानी से साधारण मुसलमानों के घर-परिवार में भी प्रवेश कर जाते हैं। यही नहीं, हिन्दुओं के घर-परिवारों की खामियों और खूबियों को वे उतने ही वस्तुगत, सहज भाव से हमारे सामने लाते हैं, जितने वस्तुनिष्ठ और सहज भाव से मुसलमान घर-परिवारों की खामियों और खूबियों का चित्रण करते हैं। ये प्रेमचन्द ही हैं, जिनके यहाँ हिन्दुओं और मुसलमानों से सम्बद्ध कथानक ही नहीं, हिन्दू-मुसलमान पात्रों की एक सम्मिलित उपस्थिति दिखाई पड़ती है, जिसमें नेक और भले पात्र भी हैं और दुष्ट और कट्टरपन्थी भी। कबीर के ही अन्दाज में प्रेमचन्द उनकी प्रशंसा करते हैं या उनकी कठोर आलोचना करते हैं। प्रेमाश्रम, कर्मभूमि, गोदान, उनके कुछ महत्त्वपूर्ण उपन्यासों में हिन्दू-मुसलमान चरित्र साथ-साथ हैं। 'कर्मभूमि में अमर और सलीम के पारिवारिक सम्बन्ध को साहस के साथ मुंशी प्रेमचन्द ही अपने चित्रण का विषय बना सकते थे। 'प्रेमाश्रम' का गौस खाँ जितना निर्मम और कठोर है, 'कर्मभूमि' का काले खाँ निर्मम और कठोर होते हुए भी अन्ततः कोमल और संवेदनशील हो जाता है। 'गोदान' के मिर्जा खुर्शीद का अलग-अलग अन्दाज है। छोटे-बड़े मुसलमान चरित्रों की एक अच्छी-खासी जमात प्रेमचन्द के यहाँ है; और प्रेमचन्द उनके मुसलमान होने के अहसास से अलग उनका चित्रण इस प्रकार करते हैं कि वे हमारे सामाजिक जीवन की हकीकत के तहत हमें अपना परिचय देते हैं। अपने उपन्यासों में और अनेक कहानियों में प्रेमचन्द ने वह कर दिखाया है कि किस प्रकार कट्टरपंथी मुल्ले-मौलवी और पण्डित दोनों सम्प्रदायों के लोगों की भावनाओं को भड़का कर साम्प्रदायिक दंगे कराते हैं। साधारण हिन्दू-मुसलमानों की जानें जाती हैं; घर-मकान तबाह और बरबाद होते हैं; जबकि हिन्दू-मुसलमानों के ये तथाकथित धार्मिक नेता ऐश करते हैं; आराम से जिन्दगी बिताते हैं। उन्होंने इस प्रवृत्ति की

कड़ी आलोचना की है और अनेक पात्रों द्वारा ऐसे छद्म धार्मिकों के असली चरित्र का पर्दाफाश कराया है।

प्रेमचन्द बराबर अपने उपन्यासों-कहानियों में इस बात पर बल देते हैं कि साम्प्रदायिक दंगे न्यस्त स्वार्थ लोगों का कारनामा है। साधारण हिन्दू-मुसलमान जनता का इन दंगों से कोई नाता-रिश्ता नहीं; उनकी आर्थिक-सामाजिक जिंदगी एक-सी है। वे तो न्यस्त स्वार्थों द्वारा अपने हित में इस्तेमाल किये जाते हैं। दोनों धर्मों के छद्म को भी प्रेमचन्द बखूबी उजागर करते हैं। इस्लाम कहने को जाति-पाँति, ऊँच-नीच, अमीर-गरीब नहीं मानता; कहने को ही इस्लाम में सारे मनुष्य बिरादर हैं, भाई-भाई हैं; जबकि असलियत में इस्लाम के तथाकथित अनुयायी उसी प्रकार आपस में बँटे हुए हैं, अमीर-गरीब हैं, भेदभाव से पीड़ित हैं, जैसे कि हिन्दुओं की सामाजिक संरचना और समाज-व्यवस्था में। 'ईदगाह' कहानी में प्रेमचन्द ने बराबरी का दावा करने वाले ऐसे ही लोगों के छद्म को उजागर किया है। ईद के अवसर पर ईदगाह में नमाज पढ़ते समय जरूर ऐसा लगता है कि इस्लाम में मनुष्य और मनुष्य के बीच भेद नहीं है। किन्तु नमाज खत्म होने के बाद जैसे नमाजियों का हुजूम ईदगाह से बाहर निकलता है, उसके बीच की सामाजिक-आर्थिक विषमता प्रत्यक्ष हो जाती है। जिनके पास पैसे हैं, वे बच्चे आईस्क्रीम और मिठाइयों की दुकानों की तरफ, तरह-तरह के खेल-खिलौनों की तरफ निकल जाते हैं; और जिसके पास महज एक इकन्नी है, वह हामिद अपनी इकन्नी लिए अलग-अलग घूमता है कि उससे क्या कुछ खरीदा जाये, जो उसकी बूढ़ी दादी के काम आये। बाकी कहानी में बाल मनोविज्ञान हो, किन्तु जो बात कहानी में व्यंग्य के धरातल पर पूरे वजूद के साथ पेश की गयी है, वह यह कि धर्म के स्तर पर कायम एका किस प्रकार समाज तथा अर्थतन्त्र के स्तर पर बिखर और टूट जाया करता है, इस्लाम भी जिसका अपवाद नहीं है। हिन्दुओं की धार्मिक-सामाजिक रूढ़ियाँ, भेद-भावजन्य सामाजिक संरचना पर भी प्रेमचन्द ने अत्यन्त कठोर टिप्पणियाँ की हैं। पं. मोटेराम शास्त्री की कथा को लेकर ही उनके ऊपर ब्राह्मण-विरोधी होने का आरोप श्रीपतप्रसाद मिश्र निर्मल तथा ठाकुर श्रीनाथ सिंह ने लगाया था। जबकि वास्तविकता यह है कि प्रेमचन्द न तो किसी धर्म के खिलाफ हैं न किसी मत के। वे उस रूढ़िवाद तथा उस मानवीयता के खिलाफ हैं, जो कि इन धर्मों से चिपकी हुई है और जिसे ही धर्म कहकर विज्ञापित किया जाता है। धर्म-स्थलों पर होने वाले पाखण्ड एवं भ्रष्टाचार का बेबाक उद्‌घाटन उन्होंने अपने प्रारम्भिक उपन्यासों में किया है तथा हिन्दुओं की परम्परागत सामाजिक संरचना, सामाजिक-धार्मिक रीति-नीतियों के वे सदा ही कठोर आलोचक रहे हैं।

प्रेमचन्द का विचारात्मक लेखन हो, अथवा रचनात्मक लेखन, साम्प्रदायिकता के वे कठोर आलोचक के रूप में ही सामने आये हैं। साम्प्रदायिक सद्‌भाव उनका लक्ष्य

है। हिन्दुओं और मुसलमानों दोनों के हृदयों के भीतर से मनुष्यता का जो समान तार गया है, उसे उजागर करना ही प्रेचमन्द का सबसे बड़ा लक्ष्य रहा है। उन्होंने एक ओर 'रानी सारंधा' जैसा नाटक लिखा, तो दूसरी ओर 'करबला' नाटक भी; उनके रचनात्मक मानस में हिन्दू-मुसलमान ही नहीं, अन्य धर्मों के लोग भी, महज अपने मनुष्य होने के नाते विद्यमान हैं। 'रंगभूमि' में वे ईसाई परिवार के चरित्र हमें देते हैं। कहानियों में तुर्क-यहूदी तक उनके यहाँ आये हैं। वही हैं, जो इस तथ्य को भी प्रतिपादित करते हैं कि आदमी में राक्षस और देवता दोनों का वास होता है। जरूरत आदमी के भीतर के देवता को पहचानने और जगाने की है। 'वज्रपात' कहानी में उन्होंने नादिरशाह जैसे नृशंस के चरित्र को भी पिघलते हुए दिखाया है। राष्ट्रीय आन्दोलन, जिसके कि प्रतिनिधि प्रेमचन्द हैं, प्रेमचन्द के उपन्यासों-कहानियों में अपने समूचे वैविध्य के साथ चित्रित है। देश के हित, आजादी की लड़ाई में शिरकत करते हुए हिन्दू-मुसलमान दोनों प्रकार के पात्र उनके यहाँ हैं; और आजादी की लड़ाई के विरोध करने वाले, अंग्रेजों का साथ देने वाले राजाओं-नवाबों-जमींदारों के वे कट्टर आलोचक हैं—वे हिन्दू हों या मुसलमान! राष्ट्रीय स्वातन्त्र्य की लड़ाई को बड़े वस्तुनिष्ठ ढंग से प्रेमचन्द ने अपने उपन्यासों-कहानियों में चित्रित किया है। 'जुलूस' कहानी में मुसलमान स्त्री-पुरुष पात्र यदि आजादी के नायक बनकर पूरी कहानी में उभरते हैं, तो 'गबन' उपन्यास की जालपा, 'कर्मभूमि' की सुखदा उन हिन्दू पात्रों में हैं, जो आजादी की लड़ाई के लिए अपना सब कुछ दाँव पर लगाने को तैयार हैं। वस्तुतः किसी भी कोण से देखा जाये—विचार, विचारधारा तथा सर्जना—हर स्तर पर प्रेमचन्द राष्ट्रीयता स्वाधीनता के समर्थक लेखक के रूप में सामने आते हैं और साम्प्रदायकिता जैसी भावना के उतने ही कठोर विरोधी के रूप में; कारण कि वह सीधे राष्ट्रवाद के विरोध में सामने आयी थी। प्रेमचन्द का रचनात्मक तथा विचारात्मक साहित्य साम्प्रदायिकता के विरोध का नहीं, साम्प्रदायिक सद्भाव का 'माडल' साहित्य हैं

प्रेमचन्द को सत्य ही भारतीय स्वतन्त्रता संग्राम की उपज कहा गया है। स्वाधीनता आन्दोलन के दौरान अर्जित मूल्यों, आदर्शों एवं लक्ष्यों का जीवित-जाग्रत प्रतिबिम्ब है उनका रचनात्मक लेखन। वे सारे मूल्य, जनतान्त्रिक चेतना हो या दलितों का उत्थान, सामाजिक बराबरी हो या धर्म-निरपेक्षता—सब के सब प्रेमचन्द के रचनात्मक साहित्य में अक्षत लिपिबद्ध हैं। हिन्दी-उर्दू के एकात्म के साकार नमूने हैं प्रेमचन्द के उपन्यास और उनकी कहानियाँ। किसान, स्त्री, दलित और यातना-ग्रस्त हर मनुष्य को मुक्ति के स्वप्न और उनके संघर्ष प्रेमचन्द की रचनाओं में अंकित हैं। साम्प्रदायिक सद्भाव के लिए ही नहीं, साधारण मनुष्य की आर्थिक राजनीतिक सामाजिक और सांस्कृतिक मुक्ति के लिए भी उनके सबसे महत्त्वपूर्ण दस्तावेज के रूप में सदैव-सदैव के लिए स्मरण किया जाएगा प्रेमचन्द के साहित्य को।

हिन्दी में जो युगान्तर प्रेमचन्द के उपन्यासों तथा कहानियों ने किया, आगे के समय में तो उसकी नोटिस ली ही गयी, स्वयं प्रेमचन्द के समय में ही, उनके समकालीनों पर उनके रचनात्मक लेखन का प्रभाव पड़ा। तिलस्म, कल्पना और कौतूहल तथा कोरी नैतिकता एवं शुष्क शिक्षा से उबरकर हिन्दी उपन्यास अपने समय के ज्वलंत सरोकारों से जुड़ा, अपने समय के यथार्थ से उसने सीधी मुठभेड़ की। उपन्यास सामाजिक जीवन की सच्चाइयों के चित्रण के प्रति मुखातिब हुआ, मानव-चरित्र के अन्तर्वाह्य को उद्घाटित करने में उसने दिलचस्पी ली। प्रेमचन्द के समय में उपन्यासकारों की एक ऐसी पीढ़ी सक्रिय होकर सामने आयी, जिसने अपने तरीके से सामाजिक यथार्थ से जुड़े प्रश्नों को अपने लेखक का विषय बनाया। साम्प्रदायकिता की समस्या, जो राष्ट्रीय आन्दोलन में हिन्दू-मुसलमानों की साझी शिरकत के सबब बड़ी चुनौती थी, उनमें से कुछ उपन्यासकारों के यहाँ चित्रण का विषय बनी। सबसे पहले हम उन्हीं लेखकों का जिक्र करेंगे।

(2) **पाण्डेय बेचन शर्मा 'उग्र'** : प्रेमचन्द के समकालीनों में उग्र एक महत्त्वपूर्ण नाम है। उग्र का उपन्यास साहित्य अपने विशिष्ट अन्दाज में सामाजिक यथार्थ से टकराने वाला साहित्य है। रंगीली तबियत और कुछ-कुछ अराजक व्यक्तित्व के स्वामी उग्र ने सामाजिक यथार्थ के तमाम आयामों को अपने ढंग से उद्घाटित किया है, जहाँ वे बहुधा विवादास्पद भी बने हैं। उनके सर्जनात्मक लेखन में यदि कुछ भी विवादों से परे है, प्रायः सर्वस्वीकृत है तथा उसका स्तर भी है, वह है राष्ट्रीय प्रेरणाओं से उद्भूत उनकी वह सर्जना, जिसमें उपन्यास-कहानियाँ सब शामिल हैं। "उसकी माँ" कहानी के रूप में उग्र ने भारत माँ की एक छवि आँकी थी, जो मार्मिक तो थी ही, राष्ट्रीय आन्दोलन का एक ज्वलन्त यथार्थ भी थी। 'खुदाराम', 'चन्द हसीनों के ख़ुतूत' उनकी वे अमर रचनाएँ हैं, जिनमें उग्र ने साम्प्रदायिकता की समस्या को अपने लेखन का विषय बनाया और साम्प्रदायिक सद्भाव की अद्भुत सर्जनात्मक मिसाल कायम की। 'खुदाराम' वस्तुतः एक लम्बी कहानी है, जिसमें खुदा और ईश्वर के नाम से लड़ने वालों को सच्ची इंसानियत के महत्त्व से परिचित कराया गया है। हिन्दू-मुस्लिम सद्भाव का जीता-जागता प्रतीक है इस कहानी का मुख्य चरित्र। किन्तु आगे बढ़कर 'चन्द हसीनों के खुतूत' में उग्र जी ने साम्प्रदायिकता की समस्या को अधिक बड़े पटल पर पेश किया है।

'चन्द हसीनों के खुतूत' अपनी विषयवस्तु के अलावा अपने शिल्प में भी उग्र की एक उपलब्धि है। सारा उपन्यास पत्रात्मक शैली में चरित्रों की बारीक से बारीक रेखाओं को उजागर करता हुआ इतनी प्रभावशाली भाषा और शैली में, इतने सधे हाथों से लिखा गया है कि उसे अपने विषय में एक मिसाल माना जा सकता है। उपन्यास में मुरारीकृष्ण और नर्गिस की प्रणय-कथा है। दोनों के बीच प्रणय का

सूत्रपात एक संयोग से होता है, जो शनैः-शनैः विकसित होता हुआ अपने चरमोत्कर्ष पर पहुँचता है। स्वभावतः अलग-अलग धर्मों के होने के नाते उनका विवाह नहीं हो हो पाता; किन्तु नये प्रगतिशील विचारों की लड़की नर्गिस में रूढ़ियों के खिलाफ जो विद्रोह है, धार्मिक पाखण्डों के प्रति जो रोष है तथा मानवीय मूल्यों के प्रति जो लगाव है, उसे उसके चरित्र की दूसरी तमाम खूबियों के साथ उग्र ने बड़े ही सशक्त ढंग से पेश किया है। उपन्यास इतना प्रभावशाली है कि लेखक की एक-एक बात सीधे पाठक के दिल-दिमाग पर उतरती चली जाती है। साम्प्रदायिकता की विषय-वस्तु को लेकर इधर ढेरों कहानियाँ और उपन्यास लिखे गये हैं; किन्तु उग्र ने जिस समय 'खुदाराम' तथा 'चन्द हसीनों के खुतूत' की रचना की थी, उस समय के लिए क्या साम्प्रदायिकता विरोधी आज के तमाम लेखन के लिए भी उग्र की ये दोनों रचनायें मिसाल है; और मिसाल है उग्र की प्रशस्त मानवीय संवेदना, उनकी नितान्त धर्म-निरपेक्ष मानसिकता, जिसके लिए इंसान ही सबसे प्रमुख है—हिन्दू-मुसलमान नहीं। अपनी एक अन्य औपन्यासिक कृति 'सरदार तुम्हारी आँखों में' में भी वे हिन्दू-मुसलमान चरित्रों को पेश कर जाते हैं और साम्प्रदायिकता की समस्या से रूबरू होते हैं। यह एक ऐयाश तथा छद्म कला-प्रेमी हिन्दू राजा की कहानी है, जो धर्मपुर का राजा या महाराजा है। विदेशी सभ्यता तथा संस्कृति में सराबोर यह राजा संगीत के अपने शौक के नाते उस्ताद गुलाब खाँ की एक ओर कद्र करता है, किन्तु दूसरी ओर उनकी जवान बेटी फिरोजी पर उसकी निगाह भी है। उस्ताद गुलाब खाँ को पागलखाने में कैद कर महाराज उसकी बेटी को बदमाशों द्वारा उसके घर से जबरन उठवा कर अपने महल पहुँचवा देते हैं। उसकी इज्जत लूटने पर आमादा महाराज उसकी इज्जत इस नाते नहीं लूट पाते कि वह उन्हें उनके संगीत प्रेम में लिप्त रखते हुए किसी न किसी प्रकार बचती-निकलती रहती हैं। अन्ततः जब वह उसकी गिरफ्त में आ जाती है, तो लात-जूतों से उन्हें पीटते हुए अपने को बचा लेती है। बाप-बेटी का मिलन तो होता है; किन्तु अन्त दुखदपूर्ण है। उपन्यास का महत्त्व इस बात में है कि उग्र ने एक हिन्दू राजा को मनुष्यता के दर्जे से गिरते हुए पेश किया है तथा मुसलमान पात्र गुलाब खाँ तथा उसकी बेटी को इस हिन्दू राजा के अत्याचारों तथा विलास का शिकार बताया है तथा उसके प्रति अपनी लेखकीय संवेदना भी व्यक्त की है। दूसरा महत्त्व इस उपन्यास का यह है कि इसके अन्तर्गत उग्र ने उन स्थितियों को भी उजागर किया है, जिनके चलते साम्प्रदायिक दंगे होते हैं या कराये जाते हैं। स्मरण रहे कि महाराज धर्मपुर का वजीर मुसलमान है और वह दूसरे मुसलमान पात्र को इसलिए उकसाता है कि वह मुसलमानों में इस बात का प्रचार करे कि एक हिन्दू राजा ने जबरन एक मुसलमान लड़की को अपनी हवस का शिकार बनाने के लिए अपने महल में कैद कर रखा है, ताकि साम्प्रदायिक दंगा

भड़क उठे। यह वजीर एक ओर फिरोजी को भगाने तथा उसे महाराज के बँगले पर पहुँचाने का स्वयं षड्यन्त्र रचता है, दूसरी ओर हिन्दू-मुसलमान का सवाल उठाकर मुसलमानों को धर्म के आधार पर भड़काने के लिए दूसरे मुसलमान पात्र का सहारा लेता है। कहने का तात्पर्य यह कि जिस किसी हिन्दू-मुस्लिम भेद की मानसिकता को उग्र ने इस उपन्यास में यह बताया है कि लम्पटों का कोई धर्म, कोई दीन और कोई ईमान नहीं होता। इस प्रकार प्रेमचन्द के समकालीनों में उग्र एक ऐसे लेखक के रूप में सामने आते हैं, जिन्होंने अपने उपन्यासों में हिन्दू-मुस्लिम सम्बन्धों वाले कथानकों को चुना है तथा सीधे साम्प्रदायिकता की समस्या से टकराए हैं।

(3) **चतुरसेन शास्त्री** : चतुरसेन शास्त्री प्रेमचन्द के समकालीन लोकप्रिय कथाकार हैं, जिन्होंने सामाजिक विषयों से लेकर ऐतिहासिक, पौराणिक सभी विषयों पर लेखनी चलाई है। 'वैशाली की नगर वधू' उनका सर्वाधिक लोकप्रिय उपन्यास है। चतुरसेन शास्त्री कथारस प्रदान करने वाले लेखक हैं। उनके पास कोई सुनिश्चित दृष्टि या दृष्टिकोण नहीं है। इतिहास को विषय बनाने के हेतु जिस इतिहास-विवेक की जरूरत होती है, इतिहास को अपने समय की सन्दर्भता में ढालकर नये सिरे से अर्थवान बनाने की जो जरूरत होती है, उससे उन्हें कोई मतलब नहीं। अतीत के इतिवृत्त को रोचक और सरस बनाकर प्रस्तुत करना उनका एकमात्र लक्ष्य है। समय के तेवर पहचानते हुए चतुरसेन शास्त्री ने ऐसे सभी विषयों को अपने उपन्यासों में उठाया है, जो पाठकों का ध्यान अपनी ओर खींच सकें। सामाजिक रूढ़ियों-रीतियों को लेकर समाज की दूसरी तमाम समस्याएँ उनके उपन्यासों में हैं। हम यहाँ शास्त्री जी की उपन्यास-कला तथा उनके उपन्यासों की अन्तर्वस्तु का कोई विशद अध्ययन प्रस्तुत नहीं कर रहे। हम महज इस तथ्य को रेखांकित करना चाह रहे हैं कि बिना किसी सुनिश्चित दृष्टि या दृष्टिकोण के, शास्त्री जी ने अपने उपन्यासों में पौराणिक युग से लेकर आज तक की कालावधि को समेटा है। 'वयं रक्षामः' में उन्होंने रावण के चरित्र को गौरवान्वित किया है, तो 'वैशाली की नगर वधू' में बौद्ध काल उनका विषय है। हिन्दू युग के इतिहास को भी वे समेटते हैं और मध्ययुग के राजपूती इतिहास को भी अपना विषय बनाते हैं। हिन्दुओं के साथ-साथ मुसलमान भी उनके उपन्यासों में आये हैं। दिल्लीवासी होने के नाते दिल्ली के इतिहास की उन्हें जानकारी है। कुछ कहानियाँ उन्होंने महज मुस्लिम चरित्रों को लेकर लिखी हैं, जो लोकप्रिय हुई हैं और मुसलमान पात्रों को उनकी अपनी आत्मीयता भी प्राप्त हुई है। मसलन 'ठेलेवाला शहजादा'—जिसमें आज के युग में बहादुरशाह जफर की वंश-परम्परा के शाहजादे को दिल्ली में ठेला खींचते दिखाया गया है। 'दुखवा मैं कासे कहूँ' मुस्लिम मध्ययुग की दुखान्त प्रणय कहानी है। साम्प्रदायिकता की समस्या से सीधे टकराते हुए उन्होंने 'धर्मपुत्र' नामक एक उपन्यास भी लिखा है, जिसमें हिन्दू-मुस्लिम सम्बन्धों

का चित्रण है। हिन्दू-मुस्लिम एकता इस उपन्यास का साध्य है। कथा गढ़ी गढ़ाई है। एक मुसलमान खान और हिन्दू डाक्टर की अमिट मैत्री, नवाब की चंचल युवती कन्या हुस्नबानू को उसके किसी मुस्लिम प्रेमी से विवाह के पूर्व ही रह गया गर्भ, नवाब की चिन्ता तथा अपने मित्र डॉ. अमृतराय से गर्भ गिरा देने का निवेदन, डॉ. द्वारा मानवता के नाम पर यह कार्य न किये जाने का अनुरोध, किन्तु मित्र नवाब की बदनामी न हो, इस नाते हुस्नबानू के पुत्र को जन्मते ही अपना पुत्र ज्ञापित करना और एक हिन्दू के रूप में उसका लालन-पालन करना, अन्ततः युवा हुए पुत्र को अपनी वास्तविक माँ का तथा अपने धर्म का ज्ञान होना और उसका भयानक मानसिक झंझावात से परेशान हो उठा, किन्तु अन्ततः उसका अपनी हिन्दू प्रेमिका के साथ ही विवाह करना, यही इस उपन्यास की कालमूल्यबद्ध हिन्दू-मुस्लिम एकता की कथा है। सम्भव है राष्ट्रीय आन्दोलन का प्रभाव शास्त्री जी पर हो। शास्त्रीजी के 'सोमनाथ' तथा 'भालमगीर' दो अन्य ऐतिहासिक उपन्यास हैं, जिनमें उन्होंने इतिहास प्रसिद्ध सोमनाथ मन्दिर के ध्वस्तकर्ता महमूद तथा ख्यात मुगल बादशाह औरंगजेब आलमगीर के चरित्रों को मानवीय धरातल पर करने की कोशिश की है। उदाहरण स्वरूप ये दोनों ही इतिहास प्रसिद्ध चरित्र शास्त्री जी के यहाँ महज अपनी धर्मान्धिता, क्रूरता, हृदयहीनता तथा अत्याचारों की गाथा लेकर ही नहीं आये हैं, वरन् काल्पनिक प्रसंगों को जोड़कर शास्त्री जी ने इनमें मानवोचित सहृदयता, कोमलता, तथा भाव प्रधानता के भी दर्शन कराये हैं। यही उनके इन उपन्यासों का नयापन है। जैसा कि चतुरसेन शास्त्री का खुद का कथन है कि "वे मानवता के पुजारी नहीं, मनुष्य के पुजारी हैं—"मैं मनुष्य का पुजारी हूँ और मनुष्य मेरा देवता है; परन्तु मनुष्य, मानवता नहीं। मानतवा का मैं पुजारी नहीं। मानवता मानवीय श्रेष्ठ गुणों की भावना की प्रतीति कराती है। जो लोग मानवता के प्रेमी हैं, वे धीर-वीर और उदात्त, सच्चरित्र महापुरुष के पूजक हैं, किन्तु मैं नहीं। मैं केवल मनुष्य का पुजारी हूँ। वह मनुष्य, जो घृणित, पापी, अपराधी, खूनी, डाकू, हत्यारा, लुटेरा, कोढ़ी, व्यभिचारी, पागल है...वही मेरा देवता है; जिसमें यह जो कलुष है, उसका अपना नहीं है नैसर्गिक नहीं है।" विलक्षणता के प्रेमी शास्त्री जी ने वैदिक, अवैदिक, बौद्ध, इस्लामी—किसी भी संस्कृति के प्रति अपने उपन्यासों में पक्षपात नहीं दिखाया है। सबका वस्तुनिष्ठ चित्रण किया है। यह सब कुछ जो शास्त्रीजी में है, पाठक को इस बात का बोध देता है कि शास्त्रीजी वस्तुनिष्ठ कथाकार हैं, जिनका न किसी से राग है न द्वेष। मनुष्य को, वे उसकी सम्पूर्ण अच्छाइयों-बुराइयों के साथ स्वीकार करते हैं। उनके उपन्यास धार्मिक विद्वेष को हवा नहीं देते। आश्चर्य महज इस बात को लेकर है कि इन्हीं शास्त्री जी द्वारा रचित अन्य उपन्यासेतर कृति है—'इस्लाम का विष वृक्ष'। पुस्तक का शीर्षक ही शास्त्री जी की इस्लाम धर्म के बारे में क्या

धारणा है, स्पष्ट कर देता है। शास्त्री जी के उपन्यासों को पढ़कर पाठकों के मन में भले ही मुसलमानों तथा इस्लाम धर्म के खिलाफ कोई प्रतिक्रिया न उपजी हो, किन्तु 'इस्लाम का विष वृक्ष' जैसी पुस्तक ने इस्लाम के बारे में अवश्य ही लोगों को एकतरफा विचार प्रदान किये होंगे तथा उन्हें इस्लाम तथा मुसलमानों का विरोधी बनाया होगा। इस प्रकार की कृति निःसन्देह सम्प्रदायवादी मनोवृत्ति की ही उपज हो सकती है। व्यक्ति चतुरसेन शास्त्री तथा उपन्यासकार चतुरसेन शास्त्री का यह अन्तविर्रोध शास्त्री जी के बारे में कोई सम्पूर्ण धारणा बनाने में एक दिलचस्प तथ्य है, जिसे नजरअन्दाज नहीं किया जा सकता।

(4) **राजा राधिकारमन प्रताप सिंह :** एक गढ़ी-गढ़ाई फार्मूला कहानी को लेकर चलने वाला इनका उपन्यास 'राम-रहीम' है। हिन्दू युवती के मुस्लिम प्रेमी के साथ विवाह करने की तार्किकता ही राम-रहीम की मुख्य विषय-वस्तु है। तर्क है मुसलमान से विवाह करने में राम छूटते कहाँ हैं? राम और रहीम दो नहीं एक ही ईश्वर के दो नाम हैं। "यहाँ नाता टूटने का सवाल कहाँ है, पगली। और फिर राम और रहीम दो हैं? वे तो एक हैं।... तुम मन्दिर की राह गयी या मस्जिद की, मंजिल तो एक ही है। बल्कि मंजिल ही एक नहीं, दोनों रास्ते भी एक ही तबके के हैं। जो सिलसिला मन्दिर के साये में चलता है, वही मस्जिद के साये में भी जारी है।"

सवाल उपन्यास के स्तर का नहीं; लेखक की जेहनियत का है, जो साम्प्रदायिक मनोभावना से कोई नाता नहीं रखती; अन्यथा हिन्दू युवती के मुस्लिम प्रेमी से विवाह को लेकर लेखक उपर्युक्त तर्क नहीं देता। आजादी की लड़ाई के दौरान साम्प्रदायिक सद्‌भाव का जो मूल्य विकसित हुआ था, राष्ट्रीय आन्दोलन से प्रभावित लेखकों ने उसे ही अपनी कृतियों में अभिव्यंजित किया है अपनी-अपनी सर्जनात्मक क्षमता के अनुसार। राजा राधिकारमन प्रसाद सिंह का शेष लेखन भी साम्प्रदायिक मनोभावना का कहीं कोई प्रमाण नहीं देता। अगली पंक्तियों में हम हिन्दी के श्रेष्ठ ऐतिहासिक सामाजिक रोमांसों के रचयिता बाबू वृन्दावन लाल वर्मा के सर्जनात्मक लेखन पर दृष्टिपात करेंगे।

(5) **बाबू वृन्दावनलाल वर्मा :** मध्यकालीन इतिहास को एक सुनिश्चित दृष्टिकोण तथा विवेक के साथ इस्तेमाल करते हुए जिस उपन्यासकार ने इतिहास, अनुभूतियों, किंवदन्तियों एवं गजेटियरों के दायरे में रहते हुए, रोमांस लिखते हुए भी इतिहास के उस युग के यथार्थ के प्रति पूर्ण ईमानदारी बरती है तथा आधुनिक सन्दर्भों में इतिहास को प्रासंगिक बनाने का प्रयास किया है, ऐसे उपन्यासकार हैं बाबू वृन्दावन लाल वर्मा। वर्मा जी ने ऐतिहासिक उपन्यासों और रोमांसों के अलावा सामाजिक उपन्यास तथा सामाजिक रोमांस भी लिखे हैं और उनमें भी उनकी प्रगतिशील विचारधारा अभिव्यक्त हुई है। मध्यकालीन इतिहास पर अपने को केन्द्रित करते हुए भी वर्मा

जी ने उस काल को गौरवान्वित नहीं किया, उसके यथार्थ को अपने आलोचनात्मक विवेक के तहत प्रस्तुत किया है। उनके उपन्यासों की आलोचना यहाँ हमारा लक्ष्य नहीं है, हमारा उद्देश्य है उनके उपन्यासों में प्रतिबिम्बित हिन्दू-मुस्लिम सम्बन्धों का विवेचन। जिसे हिन्दू-मुस्लिम साम्प्रदायिकता कहते हैं, उसके प्रति वर्मा जी के रुख का स्पष्टीकरण।

मध्यकालीन इतिहास को केन्द्र में रखने के नाते वर्मा जी के अनेक उपन्यासों में मुसलमान चरित्र आये हैं, साधारण भी, और ओहदेदार या शासक भी। मध्यकाल में हिन्दू राजे-रजवाड़ों की जो स्थिति थी, वह भी वर्मा जी के उपन्यासों में चित्रण का विषय बनी है। मसलन, मुसलमान पात्र 'गढ़कुंडार' में भी हैं, 'विराटा की पद्मिनी' में भी, 'झांसी की रानी' में भी हैं, 'टूटे काँटे' और 'मृगनयनी' में भी। कुछेक सामाजिक उपन्यासों में भी मुसलमान पात्र हैं। वर्मा जी की विशेषता यह है कि उन्होंने इस्लाम, मुसलमान या हिन्दू धर्म और हिन्दुओं के प्रति किसी भी प्रकार के पूर्वाग्रह से बचते हुए उनका जो ऐतिहासिक यथार्थ है, उसी को प्रमाण माना है। तात्पर्य यह कि यदि उन्होंने मध्यकालीन मुसलमान हमलावरों द्वारा की गयी लूटपाट, उनकी रूप-लोलुपता, अत्याचारों आदि का चित्रण किया है—मसलन 'विराटा की पद्मिनी' में अलीमर्दान, 'मृगनयनी' में सिकन्दर लोदी या महमूद वघरा का, या 'टूटे काँटे' में नादिरशाह का तो उन्होंने उसके साथ मध्ययुग के हिन्दू राजाओं की क्षुद्र मानसिकता, उनके आत्माभिमान, पारस्परिक फूट एवं उनकी काम-लोलुपता तथा स्वेच्छाचारिता को भी बिना किसी लाग-लपेट के उजागर किया है। वर्मा जी मूलतः सामन्ती मानसिकता की कटु आलोचना करने वाले उपन्यासकार हैं, उसका सम्बन्ध हिन्दू सामन्तों से हो या मुसलमान सामन्तों से। उनके उत्पीड़न का शिकार साधारण हिन्दू जनता भी बनती है, और मुसलमान जनता भी। 'टूटे काँटे' की नूरबाई नादिरशाह के साथ ईरान नहीं जाती और मथुरा वृन्दावन पहुँचकर कृष्ण भक्ति में लीन हो जाती है। इसी प्रकार वर्मा जी ने यदि सामन्तों में से कुछ के चरित्र को अनुकरणीय कहा है, प्रशंसा की है, तो उनके अनेक मुसलमान पात्र भी हैं, जो मुलसमान होते हुए भी उनकी संवेदना पा सके हैं। 'झाँसी की रानी' का तोपची गुलाम गौस खाँ और उनकी संमाधि पर उनकी जय-जयकार करने वाला पठान गुल मुहम्मद ऐसे ही पात्रों के उदाहरण हैं। हिन्दू धर्म तथा समाज की रूढ़ियों की भी वर्मा जी ने उसी प्रकार कठोर आलोचना की है, जिस प्रकार प्रेमचन्द ने। उनके सामाजिक उपन्यास 'प्रत्यागत' का कथानक धर्म-परिवर्तन से सम्बन्ध रखता है। मंगल का मालावार पहुँचकर होने वाला धर्म-परिवर्तन, उसका मौगल खाँ बन जाना और पुनः उसका हिन्दू धर्म में धर्मान्तरण उपन्यास का विषय जरूर है, परन्तु यहाँ भी वर्मा जी ने हिन्दुओं के धार्मिक रूढ़िवाद की भर्त्सना की है।

समग्रतः वर्मा जी इतिहास तथा रोमांस केन्द्रित होते हुए भी विचारधारा या दृष्टिकोण में प्रेमचन्द परम्परा को आगे बढ़ाते हैं। वे हमारे समय के एक सार्थक प्रगतिशील उपन्यासकार हैं, जिनकी विचारधारा नितान्त सेक्यूलर है, जिनमें संकीर्णता नहीं है। यही कारण है कि वर्मा जी का उपन्यास साहित्य हिन्दी में स्तरीय माना गया है।

(6) प्रतापनारायण श्रीवास्तव : अनेक सामाजिक उपन्यासों के यशस्वी लेखक मुंशी प्रतापनारायण श्रीवास्तव का उपन्यास 'बेकसी का मजार' इस नाते यह महत्त्वपूर्ण है कि उसमें तथ्यपूर्ण ढंग से 1857 ई. के सैनिक विप्लव को भारत के पहले स्वाधीनता संग्राम के रूप में पेश किया गया है। लेखक ने ब्रिटिश कूटनीति को भी इस उपन्यास में उजागर किया है, जो हिन्दू-मुसलमानों में फूट डालकर राज्य करने वाली नीति थी। हिन्दुओं को मुसलमानों एवं बहादुरशाह जफर के खिलाफ भड़काने के उद्देश्य से ही अंग्रेजों ने बहादुरशाह के हिन्दू-विरोधी होने का दुष्प्रचार किया, परन्तु जनता उनके फरेब में नहीं आती। बहादुरशाह की बेगम जीनत महल तथा अन्य मुस्लिम सहयोगियों को स्वतन्त्रता तथा राष्ट्रीयता का समर्थक बताया गया है, तथा झाँसी की रानी तथा मराठों से उनके अच्छे सम्बन्धों का चित्रण कर मुंशी प्रताप नारायण श्रीवास्तव ने अपनी सेक्यूलर मानसिकता को स्पष्ट कर दिया है। मुंशी जी के उपन्यासों की और जो भी सीमाएँ हों, उन्हें किसी भी प्रकार की साम्प्रदायिक मनोभावना से नहीं जोड़ा जा सकता है।

(7) जयशंकर प्रसाद : छायावाद के कृती जयशंकर प्रसाद ने कविता और नाटकों के अलावा उपन्यास और कहानियों की भी रचना की है। उनके दो प्रसिद्ध उपन्यास 'तितली' और 'कंकाल' तथा अनेक कहानी संग्रह हैं, जिनमें उनकी कुल 69 कहानियाँ संग्रहीत हैं। प्रसा के काव्य तथा नाटकों की संक्षिप्त चर्चा के क्रम में हम कह चुके हैं कि अतीत के स्वर्ण-युग को अपने नाटकों का तथा शतपथ ब्राह्मण एवं उपनिषदों को अपने महाकाव्य 'कामायनी' का विषय बनाते हुए भी उसके हिन्दू या आर्य पुनरुत्थानवाद के हामी नहीं हैं। उनका सन्देश एवं संबोधन विश्व-मानवता को है। वे प्रशस्त दृष्टिकोण के रचनाकार हैं। उनकी मानसिकता मूलतः संकीर्ण नहीं है। उनके उपन्यास हमारे इस कथन की ताईद करते हैं। 'कंकाल' में उन्होंने हिन्दुओं के तीर्थ-स्थलों में होने वाले व्यभिचार, भ्रष्टाचार तथा पाखण्ड का पर्दाफाश किया है। आर्य जातीयता...अलग इस उपन्यास में उन्होंने यह प्रतिपादित किया है कि शुद्ध रक्त का कोई नहीं है; सभी वर्ण-संकर हैं। प्रसाद के इस उपन्यास ने किसी समय समग्र हिन्दू धर्म तथा समाज के ठेकेदारों को बेहद विक्षुब्ध किया था। 'तितल' में प्रसाद मुसलमान पात्रों को लाये हैं; तथा आर्यसमाजी रुख भी उन्होंने अपनाया है। किन्तु मुसलमानों या इस्लाम के प्रति कोई विद्वेष उनके इस उपन्यास में भी नहीं

है। कहने का तात्पर्य यह है कि अपने उपन्यासों में भी प्रसाद धर्मगत संकीर्णता से अलग सार्वजनीन संवेदनाओं को ही वाणी देते हैं। सामाजिक यथार्थ का ही चित्रण करते हैं।

प्रसाद की कहानियाँ अधिकतर रोमान्टिक कहानियाँ हैं, किन्तु उनकी विशेषता है कि उनमें प्रसाद ने हिन्दू-मुसलमान दोनों ही प्रकार के पात्रों का चित्रण किया है। 'ममता' कहानी में वे शेरशाह सूरी से पराजित हुमायूँ को एक युवती ब्राह्मण विधवा ममता के झोंपड़े में आश्रय पाते दिखाते हैं, जहाँ बादशाह बनने पर हुमायूँ द्वारा एक अष्टकोण मन्दिर के निर्माण का जिक्र भी है। साम्प्रदायिक भावना से ग्रस्त मानसिकता से इस प्रकार की कहानियों की सृष्टि सम्भव नहीं है। कुछेक अन्य कहानियों में, उनकी संख्या अधिक नहीं है, प्रसाद ने कुछ और स्त्री-पुरुष मुसलमान पात्रों का चित्रण किया है; किन्तु उनमें उनके धर्म के प्रति कोई भी पूर्वाग्रह नहीं है। प्रसाद की मूलभूत संवेदना रोमानी संवेदना है और रोमानी संवेदना से युक्त कोई भी लेखक साम्प्रदायिकता जैसी मानसिकता से चालित नहीं हो सकता।

प्रेमचन्द के समकालीन कथाकारों की फेहरिस्त काफी लम्बी है और उसके अन्तर्गत कुछ ख्यात कथाकार भी आते हैं, किन्तु उन कथाकारों के सरोकार मूलतः सामाजिक सरोकार हैं। उन्होंने हिन्दू-मुसलमान सम्बन्धों से सम्बद्ध कथानक नहीं लिए हैं और न ही हिन्दू-मुसलमान साम्प्रदायिकता जैसी प्रवृत्ति के दायरे में उनकी रचनाएँ आयी हैं। यही कारण है कि यहाँ हमने उनकी चर्चा नहीं की।

7

प्रेमचन्दोत्तर उपन्यास और उपन्यासकार

(क) समाजवादी धारा

सन् 1936 में फासिज्म के बढ़ते हुए संकट के प्रतिकार हेतु पहले यूरोप में, तदुपरान्त भारत में प्रगतिशील लेखक संघ की स्थापना होती है। समाजवादी विचारधारा को प्रेरणा-स्रोत के रूप में अपनाते हुए, भारतीय जीवन के यथार्थ तथा भारतीय साहित्य की प्रगतिशील तथा यथार्थवादी परम्परा से उसे जोड़ते हुए प्रगतिशील लेखक संघ की स्थापना के साथ साहित्य को रचने, देखने-परखने के नजरिये में परिवर्तन होता है। प्रेमचन्द प्रगतिशील लेखक संघ के लखनऊ के प्रथम अधिवेशन की अध्यक्षता करते हैं तथा साहित्य की नई दिशाएँ उद्घाटित करते हैं। परिणामतः भारतीय भाषाओं के साहित्य में रचना तथा विचार दोनों आयामों पर प्रगतिशीलता और यथार्थवाद के एक नये युग का आरम्भ होता है। प्रेमचन्द दिशाएँ निर्धारित पर ही चुके थे, उन्हीं की अनुरूपता में दृष्टिकोण को नये समाजवादी-यथार्थवादी विवेक से लैस करते हुए साहित्य की लगभग प्रत्येक विधा में महत्त्वपूर्ण प्रदान की शुरुआत होती है। उपन्यास इस नयी शुरुआत में सबसे अग्रणी विधा के रूप में उभरता है। उपन्यासकारों की एक जैसी जमात सामने आती है, जो अपने वैज्ञानिक विवेक, समाजवादी आस्था, विरासत के सार्थक और सप्राण के प्रति अपनी निष्ठा को व्यक्त करते हुए, मानक उपन्यास कृतियों का सृजन करती है और इस प्रकार न केवल प्रेमचन्द की परम्परा को संरक्षण देती है, उसका विकास करती है, उसमें नयी कड़ियाँ जोड़ती है। समाजवादी आस्था वाले इन उपन्यासकारों में हमें सामाजिक यथार्थ के बहुरंगी चित्र देखने को मिलते हैं तथा ऐसी हर प्रवृत्ति के खिलाफ एक कठोर आलोचनात्मक रवैया, जो मनुष्य, समाज तथा जीवन को समग्रता में न लेकर उन्हें काट-छाँट कर प्रस्तुत करती हो, जिसमें जीवन के सकारात्मक पहलुओं की उपेक्षा हो तथा उसके प्रगतिशील लक्ष्यों के प्रति उदासीनता। समाजवाद तथा भारतीय सामाजिक जीवन के यथार्थ चित्रण के प्रति प्रतिबद्ध ये उपन्यासकार विचारधारा के स्तर पर ही नहीं कला के स्तर पर भी मानक कृतियाँ हिन्दी को देते हैं, जिनमें अनेक स्थायी महत्त्व

की अधिकारिणी हैं।

यशपाल, राहुल सांकृत्यायन, नागार्जुन, रांगेय राघव, अमृतराय और भैरवप्रसाद गुप्त, मार्कण्डेय, मन्मथनाथ गुप्त, भीष्म साहनी उन उपन्यासकारों में हैं, जो समाजवादी धारा के उपन्यासों के स्रष्टा हैं। सामाजिक यथार्थ के अनेक रूप में उनके उपन्यासों में वे सारी समस्याएँ सहज रूप से चित्रित हुई हैं जिन्हें हम वर्तमान जीवन की ज्वलन्त सामाजिक राष्ट्रीय समस्याओं के रूप में रेखांकित कर सकते हैं। साम्प्रदायिक की समस्या ऐसी ही समस्याओं में एक है और प्रमुख भी।

अगली पंक्तियों में हम उपर्युक्त उपन्यासकारों की रचनाशीलता का जायजा लेते हुए उनमें हिन्दू-मुस्लिम चरित्रों के सम्बन्धों, उनके जीवन के संवाद-विसंवाद तथा उनसे बनते-बिगड़ते नाते रिश्तों की चर्चा करेंगे।

(1) **यशपाल के उपन्यास** : प्रगतिशील आन्दोलन के साथ सोद्देश्य सामाजिक रचनाशीलता तथा उसके प्रमुख वैचारिक आधार को लेकर सामने आने वाले रचनाकारों में यशपाल पहली पंक्ति के कथाकार हैं। उन्होंने कथा-साहित्य की दोनों विधाओं पर सार्थक लेखन किया है। यूँ तो उनके उपन्यासों तथा कहानियों की विषयवस्तु उनके अपने समय और समाज पर केन्द्रित हैं, परन्तु उन्होंने इतिहास की ओर भी दृष्टिपात किया है और अपनी विचारधारात्मक प्रतिबद्धता के साथ इतिहास से रोमानी नजरिये से न देखकर यथार्थ सन्दर्भों में देखा-परखा और उद्घाटित किया है, उसके अंतर्विरोधों से टकराये हैं तथा उसके सकारात्मक-नकारात्मक पहलुओं के बीच से उसे अपनी वस्तुनिष्ठता में उजागर कर सके हैं। यशपाल की इतिहास-दृष्टि और प्रसाद की इतिहास-दृष्टि में यही अन्तर है।

यशपाल की विचारधारात्मक प्रतिबद्धता ही उन्हें अपने समय की समस्याओं से जोड़े रही है और उनके प्रस्तुतीकरण में भी उन्होंने यथार्थ को ही केन्द्रीयता प्रदान की है। किसी राजनीतिक दल से सम्बद्ध न होते हुए भी अपने क्रान्तिकारी के रूप में जिए गये जीवन में उन्होंने मार्क्सवाद को अपनी मुख्य प्रेरणा के रूप में अपनाया और उससे अन्त तक प्रतिबद्ध रहे। राजनीति में क्रान्तिकारी जीवन से विदा लेने के उपरान्त, सक्रिय न होते हुए भी उन्होंने राजनीतिक उपन्यासों की भी रचना की है और उसमें अपनी समझ के अनुरूप भारत की कम्यूनिस्ट पार्टी की राजनीति को चित्रित किया है। 'दादा कामरेड' उनके क्रान्तिकारी जीवन के समय लिखा गया उपन्यास है, जबकि 'पार्टी कामरेड' और 'देशद्रोही' कम्यूनिस्ट पार्टी की राजनीतिक लाइन को चित्रित करते हैं। इनके उपरान्त 'मनुष्य के रूप', 'झूठा सच', 'मेरी तेरी उनकी बात' उपन्यास हमारे समय के—आजादी से पहले और बाद के—सामाजिक जीवन के यथार्थ को चित्रित करते हैं। 'दिव्या' और 'अमिता' उनके ऐतिहासिक उपन्यास हैं, जो बौद्धकालीन है—अन्तिमा अशोक के बौद्ध बनने के पहले के उसके

चरित्र को प्रस्तुत करता है। इतिहास के प्रति वस्तुनिष्ठ, यथार्थवादी दृष्टिकोण रखने के अलावा उन्होंने अपने इन उपन्यासों में इतिहास को आधुनिक सन्दर्भता भी प्रदान की है। आधुनिक युग में इतिहास का यही सार्थक उपयोग भी है।

मार्क्सवादी विचारधारा से यशपाल की प्रतिबद्धता ही उन्हें सामाजिक जीवन को वर्गीय दृष्टिकोण से देखने को प्रेरित करती है। यशपाल की मानसिकता मनुष्य को धर्म या वर्ण से बाँधकर देखने की नहीं है। मनुष्य उनके लिए बस मनुष्य है। हिन्दू-मुसलमान, ईसाई जिस धर्म के पात्र उनके उपन्यासों में आये हैं, उनकी दृष्टि में वे मानवीय सामाजिक जीवन का अंग हैं और इस जीवन के यथार्थ की प्रस्तुति के क्रम में ही उनमें सहज-स्वाभाविक ढंग से आये हैं, हिन्दू या मुसलमान होने के नाते नहीं। इनमें अच्छे पात्र भी हैं और बुरे पात्र भी, लेकिन उनकी अच्छाइयाँ-बुराइयाँ उनके मानवीय जीवन की अच्छाइयाँ-बुराइयाँ हैं, उनके हिन्दू या मुसलमान होने की नहीं। यशपाल मूलतः पंजाब के हैं, जहाँ उन्होंने हिन्दू-मुसलमानों की साझी संस्कृति को बनते और ध्वस्त होते देखा है। इस त्रासद अहसास तथा अनुभव को, जो देश-विभाजन की बड़ी त्रासदी के रूप में हमारे सामने आया, उन्होंने 'झूठा-सच' उपन्यास में चित्रित किया है। अपने बाल्य और किशोर जीवन में गुरुकुल तथा आर्य समाज से जुड़े होने पर भी यशपाल अपनी धार्मिक आस्थाओं में नास्तिक हैं। धर्म उनके विचार से भी, सुविधाभोगियों द्वारा सुविधाहीनों के शोषण का सबसे बड़ा अस्त्र है। धर्म और धार्मिक कर्मकाण्डों में यशपाल ने धज्जियाँ उड़ाते हैं--वे हिन्दू धर्म और उसके कर्मकाण्ड हों या मुसलमानों के अपने धर्ममत के कर्मकाण्ड हों। धर्म को इंसानियत के बहुत बड़े दुश्मन के रूप में यशपाल ने चित्रित किया है, जो मनुष्य को बाँटता है, उसमें भेद उत्पन्न करता है। उनके लिए मनुष्यता से बढ़कर और कोई धर्म नहीं है। अपनी अनेक कहानियों में हिन्दुओं और मुसलमानों के अपने धर्म की रूढ़ियों की तीव्र भर्त्सना की है, उनकी मखौल उड़ाई है। यशपाल हिन्दी के उन कुछ गिने हुए उपन्यासकारों और कहानी लेखकों में हैं, जिन्हें हिन्दुओं के अलावा मुसलमानों के घर-परिवारों के जीवन तथा सरोकारों का गहरा ज्ञान है। यह सब यशपाल का पढ़ा-पढ़ाया नहीं, उनके अपने अनुभवों का हिस्सा है। इसी कारण हिन्दुओं के अलावा मुसलमान घर-परिवारों के जीवन पर यशपाल ने शायद सबसे अधिक लिखा है, और अधिकारपूर्वक, पूरी विश्वसनीयता तथा बिना किसी गाँठ के लिखा है। उनके लिए यह भारतीय सामाजिक जीवन का यथार्थ है—सजग होकर या सायास उन्होंने मुसलमान घर-परिवारों और उनके जीवन की कहानियाँ नहीं लिखी हैं। अगली पंक्तियों में हम यशपाल के उपन्यासों और प्रसंगतः उनकी कहानियों में चित्रित और प्रतिबिम्बित हिन्दू-मुस्लिम जीवन, हिन्दू-मुस्लिम सम्बन्धों तथा हिन्दू-मुस्लिम साम्प्रदायिकता जैसी मनोवृत्ति का जायजा लेंगे तथा यह बताना

चाहेंगे कि एक रचनाकार के नाते उनके प्रति यशपाल का अपना रुख क्या है?

'झूठा सच' उपन्यास में यशपाल ने देश-विभाजन के पीछे की राजनीति का पर्दाफाश किया है तथा सत्ता-प्राप्ति के लिए अपनाये गये हथकंडों को उजागर किया है। यशपाल साम्प्रदायिकता को विशुद्ध राजनीतिक समस्या मानते हैं—राजनीतिक सत्ता की प्राप्ति के लिए अभिजात वर्ग द्वारा पैदा की गयी एक समस्या, जिसका धर्म से कोई सम्बन्ध नहीं, वरन् धर्म जिसमें हथियार के रूप में प्रयुक्त होता है। देश- विभाजन के पीछे की हिन्दू-मुस्लिम साम्प्रदायिक राजनीति का पर्दाफाश करके ही वे सन्तुष्ट नहीं हो जाते, वरन् उसके सम्भाव्य दुष्परिणामों का भी चित्रण करते हैं—देश का विभाजन जिनमें एक है। देश-विभाजन से भी व्यापक त्रासद सदियों से साथ-साथ रहते चले आये हिन्दुओं और मुसलमानों के दिलों का विभाजन है, उस साझा सांस्कृतिक परम्परा का हिन्दू-मुस्लिम संस्कृति के रूप में विभाजन है। लाखों परिवारों का अपने वतन और अपने घर-परिवारों को छोड़कर शरणार्थी के रूप में बँटी हुई धरती के भारत और पाकिस्तान में स्थानांतरण, खूरेंजी, आगजनी, दंगे, लूटपाट, बलात्कार मनुष्यता का इतना वीभत्स, घिनौना और कुत्सित रूप इस विभाजन के परिणामस्वरूप सामने आया, विश्व में जिसकी मिसाल नहीं है। यशपाल ने बड़े ही प्रभावशाली रूप में मनुष्य द्वारा अपने राजनीतिक स्वार्थों के लिए मनुष्य तथा देश के प्रति रची गयी इस घिनौनी साजिश को उभारा है। रामदरश मिश्र के अनुसार—"लेखक ने देश के बँटवारे के समय और उसके पूर्व और पश्चात की साम्प्रदायिक विभीषिका में जलते हुए भारत और पाकिस्तान की जन-यातना का बड़ा मार्मिक चित्रण किया है। देखने में लगता है कि दोनों देशों की जनता स्वभावतः अपने साम्प्रदायिक विद्वेष की आग में धधक उठी थी। किन्तु यह होकर भी झूठ था। सच थी, जनता को बरगलाकर अपने को तृप्त करने वाली राजनीतिक नेताओं की अदम्य, अमानवीय प्यास।"

आधुनिक भारतीय नवजागरण और मुक्ति आन्दोलन के अपने विवेचन में हम इस बात को स्पष्ट कर चुके हैं कि किस प्रकार साम्प्रदायिकता की यह समस्या कोरी ब्रिटिश कूटनीति—'फूट डालो और राज करो' की ही उपज नहीं है; इसका एक पहलू नवजागरण तथा मुक्ति-आन्दोलन के बीच विद्यमान उस हिन्दू मानसिकता से भी जुड़ता है, जो तमाम सारे राष्ट्रीय दिखावे के बावजूद नवजागरण तथा मुक्ति आन्दोलन दोनों के कतिपय नेताओं के मानस का सत्य थी—उनके संस्कारों का हिस्सा थी। मुस्लिम राजनीतिज्ञों के मन में इसी की प्रतिक्रिया स्वरूप यह बात आयी कि तमाम सारे छद्म के बावजूद अंततः आजाद हिन्दुस्तान में ये नेता हिन्दुओं का पक्ष लेंगे और आजाद भारत के मुसलमानों का भविष्य सुरक्षित नहीं है। इस बात का एक कोण यह भी हो सकता है कि मुसलमान नेताओं ने साम्प्रदायिक मानसिकता के

चलते हिन्दू साम्प्रदायिकता का जन्म हुआ। प्रभा दीक्षित इसी बात को मानती हैं। उनका कहना है कि समूची आजादी की लड़ाई के दौरान हिन्दू बहुमत वाले इस देश में हिन्दू महासभा जैसी हिन्दुओं के हितों की सुरक्षा पर खड़ी राजनीतिक संस्था से हिन्दू नहीं जुड़े, हिन्दू जुड़े कांग्रेस से, जो साम्प्रदायिकता के विरोध में थी। वस्तुतः नियति कुछ भी हो, नवजागरण के दौर में उग्र राष्ट्रीयता के हामी तिलक की गणपति पूजा ने, आर्य समाज के वैदिक पुनरुत्थानवाद ने, उन मुसलमान नेताओं को—जो कभी राष्ट्रीय आन्दोलन के साथ थे—मसलन, सैय्यद अहमद खाँ, जो हिन्दुओं और मुसलमानों को भारत की दो आँखें कहते थे, मुस्लिम सम्प्रदायवाद की ओर मोड़ा और हिन्दू और मुसलमानों के दो राष्ट्र होने की बात सामने आयी। यह सही है कि कांग्रेस अपनी तमाम गैर-साम्प्रदायिक मनोभूमि के भी, मुसलमानों के बहुमत का विश्वास पाने में सफल नहीं हुई, मुस्लिम लीग के प्रचार पर कि कांग्रेस हिन्दुओं की संस्था है, अधिकतर मुसलमानों ने विश्वास किया। सत्ता हथियाने के लिए आतुर कांग्रेसी नेता लीग की साम्प्रदायिकता का विरोध करने के बजाय अंततः हिन्दू और मुसलमान् बहुमत के आधार पर देश के बाँटे जाने पर सहमत हो गये। राजनीतिक सत्ता-प्राप्ति के लिए धर्म को हथियार बनाकर मुस्लिम लीग ने उसी प्रकार मुसलमानों की भावनाओं को उभारा, जिस प्रकार वर्तमान समय में भारतीय जनता पार्टी और उसके नेता महज राजनीतिक सत्ता पाने के लिए हिन्दुओं को उभार रहे हैं। न तो मुहम्मद अली जिन्ना, जिन्हें देश को बाँटने का जिम्मेदार बताया जाता है और जिन्होंने सत्य ही सत्ता-प्राप्ति के लिए जमकर धर्म का—'इस्लाम खतरे में है' के नारे का—इस्तेमाल किया, व्यक्तिगत जीवन-आचरण में धार्मिक या मजहबी थे और न भारतीय जनता पार्टी के तमाम वर्तमान नेता। किन्तु जिन्ना जानता था कि धर्म को हथियार बनाकर मुस्लिम भावनाओं को उभारा जा सकता है, सत्ता पाई जा सकती है, उसने धर्म की भावनाओं को, मजहब के उन्माद को उभारा और देश के बँटवारे में कामयाब हो गया। यही बात आज के साम्प्रदायिकता के हामियों के लिए भी कही जा सकती है। कांग्रेस के ढुलमुलपन, सत्ता के लिए उसकी बेकरारी, मुसलमानों की पीठ थपथपाकर उसके नताओं को उकसाकर ब्रिटिश शासकों ने देश को बाँट दिया, उसके परिणाम या दुष्परिणाम दोनों देशों की जनता को, हिन्दुओं-मुसलमानों को सहने पड़े। देश में जिस नारकीय वातावरण की सृष्टि हुई, वह अभी निकट के इतिहास की बात है। हैवानियत का जो नंगा नाच हुआ, उसका स्मरण रोंगटे खड़ा कर देता है। यशपाल ने विभाजन के पहले की उस सारी गन्दी राजनीति का, अवसरवाद का, राजनीतिक नेताओं के छद्म का और उसके भीषण परिणामों का एकदम यथार्थ खुलासा इस उपन्यास में किया है। सदियों से साथ-साथ भाइयों की तरह रहने वाले किस तरह एक-दूसरे के दुश्मन हो जाते हैं, एक-दूसरे का खून बहाते

हैं, एक-दूसरे की स्त्रियों के साथ बलात्कार करते हैं—मनुष्य की हैवानियत का जीता जागता चित्र यशपाल ने इस उपन्यास में प्रस्तुत किया है। इस उपन्यास का समर्पण करते हुए उन्होंने लिखा है—'सच को कल्पना से रँगकर उसी जन-समुदाय को सौंप रहा हूँ, जो सदा झूठ से ठगा जाकर भी सच के लिए अपनी निष्ठा और उसकी ओर बढ़ने का साहस नहीं छोड़ता।'

उपन्यास का एक मुख्य चरित्र जयदेव पुरी एक स्थान पर कहता है—"लीग के लीडर और जिन्ना मजहबी मुसलमान नहीं, पोलिटिकल मुसलमान हैं। उन्हें हुकूमत करने का मौका चाहिये; और जब एक बार इन नेताओं ने अपने स्वार्थ के लिए जनता को बरगला दिया, तो परिस्थिति स्वयं उनको सँभाल के बाहर हो गयी। किन्तु इससे क्या, जनता के साथ इनका रागात्मक सम्बन्ध भी क्या? जनता तो इनके लिए पाँव रखने की सीढ़ी है।" अनेक स्थलों पर यशपाल ने इस उपन्यास में साम्प्रदायिकता की जहरीली मनोवृत्ति का खुलासा किया है। उनके विचार उन इतिहासविदों के विचारों की अनुकूलता में है, जो साम्प्रदायिकता को एक आधुनिक युगीन अभिजात वर्गों की, हिन्दुओं और मुसलमानों की—राजनीतिक सत्ता पर काबिज होने से जन्मी मनोवृत्ति या विचारधारा मानते हैं, जिसका सीधा विरोध और किसी बात से नहीं, भारतीय राष्ट्रवाद से है। अनेक उद्धरण इस उपन्यास से दिये जा सकते हैं, जो उक्त तथ्य की पुष्टि करते हैं।

महाकाव्यात्मक पट पर लिखा गया यह उपन्यास हिन्दी में देश-विभाजन की त्रासदी, उसकी पूर्वपीठिका तथा आगे के परिणामों को चित्रित करने वाला पहला महत्त्वपूर्ण उपन्यास है, जिसमें लेखक किसी भी प्रकार के साम्प्रदायिक पूर्वग्रह से कतई परहेज करता हुआ, साम्प्रदायिकता की घिनौनी राजनीति को पूरी घृणा के साथ उजागर करता है तथा अपनी लेखकीय संवेदना तथा आत्मीयता उस साधारण जनता को प्रदान करता है, जो इसका शिकार हुई तथा जिसमें हिन्दू और मुसलमान दोनों शामिल हैं।

यशपाल के अन्य उपन्यासों में सामाजिक जीवन की दूसरी महत्त्वपूर्ण समस्याओं को उभारा गया है। उनका 'दिव्या' उपन्यास बौद्धकालीन उपन्यास है, जिसमें प्राचीन भारत में विद्यमान ब्राह्मणों, बौद्धों आदि के वैचारिक संघर्ष को रचनात्मकता के साथ पेश किया गया है।

जैसा कि हम कह चुके हैं यशपाल हिन्दी की पहली पंक्ति के कहानीकार भी हैं और अपनी कहानियों में उन्होंने हिन्दू और मुसलमान दोनों के घर-परिवार के जीवन तथा उनकी समस्याओं का अंकन किया है। दोनों समाजों के धर्मगत, आचारगत रूढ़ियों-रीतियों की आलोचना की है। यशपाल को मुसलमानों के घरेलू तथा सामाजिक जीवन से निकट का परिचय है। साधारण मुसलमान परिवारों के जीवन तथा समस्याओं पर तो उन्होंने

बारीक निगाह डाली ही है, अभिजात वर्गीय मुस्लिम परिवारों की जिन्दगी पर भी उनकी वैसी ही गहरी पकड़ है। लखनऊ में रहने के नाते ढहती हुई नवाबी को भी उन्होंने नजदीक से देखा है और अपनी नवाबी प्रतिष्ठा की खातिर बरबाद और तबाह हुए लोगों की जिन्दगियों पर भी रोशनी डाली है। 'बुरका', 'परदा', 'गमी में खुशी', उनकी वे कहानियाँ हैं, जिनमें नवाबी के संस्कारों को न छोड़ पाने की विवशता तथा वर्तमान बदहाल जिन्दगी को जीने की त्रासदी बड़ी मार्मिकता से उभरी गयी है।

समग्रतः कहा जाए, तो यशपाल का रचनात्मक कृतित्व न केवल साम्प्रदायिकता की मनोवृत्ति को, साम्प्रदायिक विचारधारा को 'झूठासच' जैसे उपन्यासों में गहरे जाकर पड़ताल करता है, उसके यथार्थ को उभारता है, उसके विषदन्तों की पहचान हमें कराता है, वह साम्प्रदायिकता विरोध की मिसाल भी प्रस्तुत करता है, यह इस तथ्य को भी रेखांकित करता है।

(2) **भीष्म साहनी के उपन्यास** : समाजवादी धारा के प्रगतिशील उपन्यासकारों में, जिन्होंने सीधे साम्प्रदायिकता की समस्या से मुठभेड़ की है तथा उसके चरित्र को उजागर किया है, यशपाल के उपरान्त भीष्म साहनी का नाम सर्वाधिक उल्लेखनीय है। झरोखे, कड़ियाँ, तमस, वासन्ती, मैयाराम की माड़ी भीष्म जी के मुख्य उपन्यास हैं। उपन्यासों के अलावा एक कहानीकार के रूप में भी भीष्म जी यशपाल की तरह ही ख्यात हैं। भीष्म जी की अनेक कहानियाँ भी सीधे साम्प्रदायिक समस्या से टकराती हैं तथा उसके विविध पहलुओं को उजागर करती हैं। प्रगतिशील जीवनादर्श तथा जीवन-मूल्य भीष्म जी के रचनाकार मानस के वैसे ही अभिन्न अंग हैं, जैसे कि वे यशपाल के थे, वरन् यदि कहना चाहें तो कह सकते हैं कि भीष्म जी ने यथार्थ का स्पष्टीकरण अपार संयमित तथा निर्दोष है। यशपाल की ही भाँति गुरुकुल और आर्य समाजी मानसिकता में पले-बढ़े भीष्म जी प्रगतिशील आन्दोलन के दौर में मार्क्सवादी-समाजवादी चेतना के प्रभाव में आते हैं तथा अपने मन पर पड़े आर्य समाजी संस्कारों को हटाते हुए समाजवाद की विचारधारा को अपनी रचनात्मक चेतना का अंग बना लेते हैं। भीष्म जी हिन्दी के उन थोड़े से प्रतिबद्ध कथाकारों में हैं, जिन्होंने साम्प्रदायिकता जैसी मनोवृत्ति के खिलाफ, जिसका सम्बन्ध बहुसंख्यक साम्प्रदायिकता से हो या अल्पसंख्यक, अपनी आवाज बुलन्द की है तथा राष्ट्रीय अखण्ड भारत, भाईचारे तथा आजादी जैसे मूल्यों के पक्ष में अपने को प्रस्तुत किया है। जहाँ तक उपन्यासों का प्रश्न है, उनके उपन्यास-कहानियों में हिन्दू-मुलसमान दोनों ही प्रकार के पात्र सामाजिक जीवन के अंग रूप में सहजता से आये हैं। धर्म तथा उससे जुड़ी रूढ़ियों को उन्होंने बिना किसी लाग लपेट के उजागर किया है तथा हिन्दू-मुसलमान दोनों ही प्रकार के पात्रों में सामान्य मनुष्यता के दर्शन कराये हैं। उनकी निगाह में आदमी मूलतः आदमी है, वह न तो हिन्दू है और न ही मुसलमान

है। अच्छाइयाँ-बुराइयाँ भी समान रूप से उनके खाते में हैं। वे भी इस तथ्य को सामने रखते हैं कि आम हिन्दू और मुसलमान अपने-अपने धर्मों पर आस्था रखते हुए भी बुनियादी तौर पर साम्प्रदायिक नहीं है। उसे साम्प्रदायिक बनाते हैं वे लोग, जो अपनी राजनीतिक, धार्मिक, समाजिक स्वार्थपूर्ति के लिए उसका इस्तेमाल करते हैं। साम्प्रदायिकता के दुष्परिणामों को भी वे लोग नहीं भोगते, जो वस्तुतः साम्प्रदायिक हैं। अपनी शक्ति, साधन सम्पन्नता तथा सत्ता के बल पर वे अपने को कतई बचा ले जाते हैं, मारा जाता है साधारण मेहनतकश हिन्दू-मुसलमान, जिसकी चेतना में वे स्वार्थी लोग साम्प्रदायिकता का जहर घोल देते हैं। अगली पंक्तियों में हम भीष्म जी के 'तमस' उपन्यास की चर्चा करेंगे तथा उसके भीतर से साम्प्रदायिकता की इस समस्या को पहचानने तथा उभारने का प्रयास भी करेंगे।

'तमस' में देश-विभाजन से पूर्व हुए साम्प्रदायिक दंगों व उन्हें प्रेरित करने वाली साम्प्रदायिक राजनीति का चित्रण हुआ है। यद्यपि 'तमस' के घटना-केन्द्र का नाम नहीं दिया गया है; किन्तु उसमें विभाजन-पूर्व रावलपिण्डी में हुए और शहर तथा गाँव दोनों में लगातार 5 दिन चलने वाले भीषण साम्प्रदायिक दंगे का चित्रण है। 'तमस' का अर्थ अन्धकार होता है। उपन्यास के सन्दर्भ में इसे मनुष्यता के अभाव का, साम्प्रदायिक मनोभावना का, विनाश, रक्तपात और मानवी सम्बन्धों के क्षत-विक्षत होने का 'तमस' माना जा सकता है। 'तमस' का कथापट झूठा-सच की तरह विशाल नहीं है। 'झूठा-सच' 'वतन और देश' तथा 'देश का भविष्य' इन दो खण्डों में बँटा एक वृहत्काय, महाकाव्यात्मक विस्तार वाला उपन्यास है; जबकि दो खण्डों में बँटे होने के बाबजूद 'तमस' 260 पृष्ठों का उपन्यास है। किन्तु अपने प्रभाव तथा उद्देश्य में 'तमस' झूठा-सच की भाँति ही है। साम्प्रदायिकता की राजनीति तथा दुष्परिणामों को, जो दंगे के रूप में सामने आते हैं, इस उपन्यास में अधिक तवज्जो दी गयी है; जबकि 'झूठा-सच' में यशपाल देश-विभाजन के पहले की देश की राजनीति तथा देश-विभाजन के उपरान्त उस राजनीति से उत्पन्न त्रासदी को बड़े फलक पर मुक्ति आन्दोलन के व्यापक सन्दर्भ देते हुए चित्रित करते हैं। 'झूठा-सच' में काल्पनिक पात्रों के साथ-साथ ऐतिहासिक पात्र भी हैं—कांग्रेस के तथा मुस्लिम लीग एवं अन्य पार्टियों के मशहूर नेता, जबकि 'तमस' में केवल पं. जवाहरलाल नेहरू का नाम भर आता है। किन्तु अपने छोटे आकार के नाते 'तमस' में साम्प्रदायिक दंगे, उनके अमानवीय चरित्र, राजनीतिक पार्टियों के हथकण्डों तथा ब्रिटिश शासन की कूटनीति के अलावा हिन्दू-मुसलमान चरित्रों के अपने अंतरंग तथा बहिरंग यथार्थ पर अधिक रोशनी डाली गयी है।

हम बराबर इस बात को कहते आये हैं कि साम्प्रदायिकता मूलतः एक राजनीतिक विचारधारा है, जिसका जन्म हिन्दू-मुसलमान अभिजात वर्ग की राजनीतिक सत्ता पाने

की प्रतिस्पर्द्धा के तहत हुआ है। वह धार्मिक, सामाजिक या आर्थिक समस्या नहीं है; गोकि उसके धार्मिक, आर्थिक व सामाजिक पहलू हो सकते हैं। अपनी राजनीतिक स्वार्थपूर्ति के हेतु अभिजात वर्ग साधारण जनों तथा धर्म का इस्तेमाल भर करता है। 'तमस' उपन्यास इस कथन की पुष्टि करता है। मुराद अली नत्थू चमार से, जो मरे जानवरों की खाल उतारने का पुश्तैनी पेशा करता है, बहुधा मरी गाय-भैंस की खाल लिया करता है; किन्तु इस बार राजनीतिक चालबाजों का मोहरा बनकर वह 5 रुपये का लालच देकर नत्थू से एक सूअर को मारने को कहता है। नत्थू के कारण पूछने पर वह झूठा कारण बता देता है। नत्थू ने अभी सूअर को मारा नहीं था। भारी मशक्कत तथा स्वयं घायल हो जाने के बाद अन्ततः वह सूर को मारने में कामयाब हो जाता है। वह मरा हुआ सूअर सुबह-सुबह मस्जिद की सीढ़ियों पर पड़ा मिलता है—परिणामस्वरूप एक गाय भी मार कर मन्दिर के सामने डाल दी जाती है। साम्प्रदायिक दंगों को फैलाने वाले साम्प्रदायिक नेताओं का यह एक आम तरीका है—मस्जिद में सुअर का गोश्त फिकवा देना तथा मन्दिर में गाय का गोश्त, दो सम्प्रदायों की धार्मिक भावना को उभाड़ कर इस प्रकार दंगे कराने के न जाने कितने उदाहरण साम्प्रदायिक दंगों के अब के इतिहास में देखे जा सकते हैं। परिणामतः समूचे शहर में साम्प्रदायिक तनाव फैल जाता है। साम्प्रदायिक नेताओं की जोशीली तकरीरें शुरू हो जाती हैं और भारत माता जिन्दाबाद, महात्मा गाँधी जिन्दाबाद के साथ कायदे आजम जिन्दाबाद तथा पाकिस्तान जिन्दाबाद के नारे लगने लगते हैं। हिन्दू संगठन 'हर-हर महादेव' का नारा लगाते हैं, तो मुस्लिम साम्प्रदायिक संगठन उसका जवाब 'अल्लाह-हु-अकबर' नारे से देते हैं। लूटपाट, मारपीट, आगजनी शुरू हो जाती है। राजनीतिक दलों के नेता अपने-अपने काम में लग जाते हैं। डिप्टी कमिश्नर रिचर्ड्स, साम्प्रदायिक तनाव तथा खूरेंजी को देखते हुए भी चुप रहता है। कारण उसका और उसके शासन का हित, हिन्दू-मुसलामनों के आपस में लड़ते रहने में ही था। शहर में होने वाला दंगा गाँवों में पहुँचता है और पलक झपकते ही रावलपिण्डी इलाके के 120 गाँव साम्प्रदायिक दंगों की चपेट में आ जाते हैं। शहर क्या गाँव में लगातार 5 दिन तक चलने वाले दंगों का परिणाम सैकड़ों लोगों की मृत्यु, आगजनी, लाखों की सम्पत्ति के नुकसान आदि के रूप में सामने आता है। सबसे अधिक जानमाल की क्षति होती है साधारण हिन्दू-मुसलमानों की। अमीरों की सम्पत्ति भर नष्ट होती है, जिसका वे पहले से ही बीमा कराए होते हैं। प्राणों की क्षति अमीरों में लगभग नहीं होती। अंग्रेज डिप्टी कमिश्नर का कहना है कि चूँकि यह उसका देश नहीं है; अतएव 100 गाँव वाले और तबाह हों या दो सौ गाँव; उससे फर्क क्या होता है। दंगों की समाप्ति पर अमन कमेटी बनती है और वही मुराद अली, जिसने नत्थू चमार को 5 रुपये का नोट देकर दंगा भड़काने के उद्देश्य से सूअर को मरवाया था, अमन

कमेटी का सबसे सक्रिय कार्यकर्ता बनकर जीप पर चढ़ा साम्प्रदायिक सद्भाव के नारे लगाता घूमता है; जबकि नत्थू चमार दंगों के दौरान मारा जाता है।

'तमस' उपन्यास का विवेचन करना हमारा उद्देश्य नहीं है। उसके संक्षिप्त विवरण से हम यह सूचित करना चाहते हैं कि ऊपर से अत्यन्त सरल दिखने वाले इस कथा के भीतर भीष्म जी ने साम्प्रदायिकता की राजनीति तथा उसके दुष्परिणामों का बड़ा यथार्थ चित्रण किया है और उसमें उन्होंने कथा की कुछ घटनाओं से तथा चरित्रों से अच्छी खासी मदद ली है। मसलन—कांग्रेसी नेता, जो साम्प्रदायिक भले न हों अधिकतर अवसरवादी, राजनीतिक सत्ता के भूखे हैं। बख्शी जैसे चरित्र महज अपवाद हैं। लोभी नेता साम्प्रदायिक और सत्ता के भूखे दोनों हैं। कम्यूनिस्ट चरित्रों में हिन्दू मुसलमान दोनों हैं, जो दंगों के भयानक माहौल में जान के खतरे की परवाह न करते हुए, साधारण जनता की मदद करते हैं, नेताओं से मिलकर अमन कायम करने की कोशिश करते हैं; पर अपनी शक्ति के स्तर पर प्रभावी नहीं हो पाते। प्रशासन से ही वे आशा करते हैं कि वही दंगों को रोके। कहने का तात्पर्य यह कि जहाँ सत्तालोलुप, अवसरवादी, साम्प्रदायिक नेतृत्व शक्तिशाली है, साधारण जनता को अपने प्रभाव में ले लेता है, वह हिन्दू हो या मुसलमान, वहाँ जो धर्म-निरपेक्ष ताकते हैं, वे अपने तईं कमजोर हैं और अपने प्रभाव के स्तर पर विनाश को नहीं रोक पातीं, प्रशासन का मुँह जोहती रहती हैं। लोभी साम्प्रदायिकों के चेहरे भीष्म जी ने बड़ी सफाई के साथ बेनकाब किये हैं—वहाँ हिन्दू साम्प्रदायिकों के चेहरे भी उन्होंने उतनी ही सफाई से उजागर किया हैं वे पुण्यात्मा वानप्रस्थी हों या मास्टर देवव्रत। इनका काम साम्प्रदायिक तकरीरें कर हिन्दुओं को भड़काना है, उन्हें लाठी, बल्लम चलाने का प्रशिक्षण देना है, उन्हें इतना कठोर हृदय बना देना है कि वे किसी का गला काटने में तनिक भी न पसीजें। दोनों सम्प्रदायों के ऐसे लोगों के चरित्र को भीष्म जी ने बड़ी सफाई के साथ बेनकाब किया है। जिस प्रकार के गीत गाकर ये हिन्दुओं की धार्मिक भावनाओं को भड़काते थे, उसका नमूना है—

> फैलाए घोर पाप यहाँ मुसलमीन ने,
> नेअमत फलक ने छीन ली, दौलत जमीन ने॥

हिन्दू साम्प्रदायिकता मुसलमानों के खिलाफ संगठित होती है मन्दिरों के अहाते में, सिख मुसलमानों के खिलाफ संगठित होते हैं गुरुद्वारों में, तो मुसलमान संगठित होते हैं मस्जिदों में। साम्प्रदायिक शक्तियाँ इस प्रकार संगठित होकर एक-दूसरे के आमने-सामने आ खड़ी होती हैं। आग में लगातार घी डालकर साम्प्रदायिक शक्तियों को भड़काया जाता है। ये उन्मादी तथा भड़के हुए लोग हत्याएँ करते हैं, चाकू घोंपते हैं, साधारण और निर्दोष हिन्दू-मुसलमान जनों को। धनिक और साधन-सम्पन्न अपने-अपने घरों में सुरक्षित बैठे रहते हैं। ब्रिटिश शासक की नीति को उजागर करता

है डिप्टी कमिश्नर रिचड्र्स, जो दंगों के दौर में दंगाइयों को काबू करने के लिए कुछ नहीं करता। उलटे दंगों में प्रशासन का हित भी देखता है। उसकी पत्नी लीजा भावुक और संवेदनशील है। वह रिचड्र्स के कुछ न करने पर उसे धिक्कारती है। किन्तु रिचड्र्स उसे यही समझाता है कि यह उसका देश नहीं है। इस देश के हित से उसका तथा अंग्रेजों का क्या लेना-देना। इस प्रकार भीष्मजी दंगों के पीछे छिपी राजनीति को—कांग्रेसी, लीगी, हिन्दूमहासभाई और अंग्रेज शासक वर्ग के माध्यम से बेनकाब करते हैं।

साम्प्रदायिक दंगे कितने अमानवीय और कितने क्रूर होते हैं, असुरक्षा और धार्मिक जुनून के चलते किस प्रकार बलिदानी भावनायें जुड़ती हैं, उसका प्रमाण है गुरुद्वारे में एकत्र स्त्री-पुरुषों का मुसलमानों की सशस्त्र प्रतिरोध और आबरू लुटने के भय से स्त्रियों का सामूहिक रूप से गुरुद्वारे के कुएँ में डूब-डूब कर मर जाना। भीष्म जी ने बड़े संयम और बड़ी तटस्थता से साम्प्रदायिक दंगों के विनाशकारी परिणामों को उपन्यास में चित्रित किया है।

इस सन्दर्भ में जो गौरतलब बात 'तमस' में दिखाई पड़ती है, वह यह कि सम्पन्न तबके के लोगों में—सम्पन्न तबके के हिन्दू-मुसलमानों में, जो वर्षों से साथ-साथ रहते चले आये हैं, मैत्री के बन्धनों में बँधे हैं, साझी संस्कृति के वारिस हैं, एक स्तर पर उनके मन में कहीं गहरे साम्प्रदायिकता की विषाक्त मनोवृत्ति का होना; किन्तु दूसरे स्तर पर अपने विधर्मी मित्रों की दंगों के बीच सहायता भी करना। यह एक मनोवैज्ञानिक गुत्थी है, जिसे भीष्म जी ने कुछेक प्रसंगों में प्रस्तुत किया है। मसलन, शाहनाज का अपने मित्र रघुनाथ को मुस्लिम बहुल मुहल्ले से अपने संरक्षण में बाहर निकालना; किन्तु चलते-चलते उनके नौकर भिक्खीराम की हत्या भी कर देना। अन्य कुछ प्रसंगों में भी भीष्म जी ने दिखाया है कि एक स्तर पर वही लोग एक-दूसरे के घरों में आग लगाते हैं, लूटपाट करते हैं, किन्तु दूसरे स्तर पर एक-दूसरे का आदर भी करते हैं। यह छद्‌ शायद वे अपनी मैत्री के ऊपरी निर्वाह के हित, अपनी आदमीयत को विज्ञापित करने के लिए करते हैं, जबकि गहरे कहीं उनकी चेतना में साम्प्रदायिकता का विष उतर चुका होता है।

एक साधारण आदमी बरगलाया जाकर अपराध कर बैठता है; किन्तु चूँकि उसकी चेतना में साम्प्रदायिकता का विष नहीं उतरा, वह अपने अपराध पर छटपटाता भी है। साम्प्रदायिक दंगों के दौरान जब हैवानियत अपने चरम पर होती है, आदमी किसी जूनून के तहत अपराध कर बैठता है; किन्तु चूँकि वह बुनियादी तौर पर साम्प्रदायिक मनोवृत्ति का नहीं है, उसे अपने अपराध पर छटपटाते, अपराध-बोध से ग्रस्त होते भी देखा गया है। 'तमस' में नत्थू चमार मुराद अली के झूठ बोलने पर, और लालचवश सूअर को मार तो देता है; किन्तु जब उसे पता चलता है कि इस

सुअर की लाश को मस्जिद के सामने फेंके जाने के नाते ही शहर में साम्प्रदायिक दंगा भड़का है, जानमाल की क्षति हो रही है, वह अपराधबोध से ग्रस्त हो जाता है। उसे चैन तभी मिलता है, जब वह अपनी पत्नी के समक्ष सब कुछ कबूल कर लेता है। इस प्रकार एक साधारण-से आदमी में मानवीय मूल्यों की अधिक सम्भावनाएँ होती हैं; जबकि बुनियादी तौर से साम्प्रदायिक और अपराधी मनुष्य जघन्य से जघन्य अपराध करके भी निश्चिंत घूमते ही नहीं रहते, अपने चोले बदल लेते हैं, मुराद अली जैसे व्यक्ति के चरित्र के माध्यम से लेखक ने इस तथ्य को भी उजागर किया है।

साम्प्रदायिक दंगों की तह में राजनीति तो बुनियादी तौर पर होती है, धर्म उसके हित में चाकरी करता है; किन्तु उनका एक उद्देश्य आर्थिक भी होता है। आर्थिक हित भी साम्प्रदायिक दंगों के जन्म का कारण बनते हैं। बम्बई के भिवंडी में कुछ वर्ष पूर्व हुआ साम्प्रदायिक दंगा मूलतः इस नाते हुआ था कि उत्तर उद्देश्य के मुसलमान बुनकरों के बहुलता वाले इस शहर से यदि साम्प्रदायिक दंगा कराकर मुसलमान बुनकरों को खदेड़ दिया जाय न तो उसके सारे करघों और उनसे जुड़ा हाथ के बुने वस्त्रों का व्यापार हिन्दुओं के हाथ आ जाएगा। भीष्म जी ने तसम में रावलपिण्डी के आर्थिक तथा व्यापारिक तन्त्र से जुड़े लाभ-लोभ को भी इन साम्प्रदायिक दंगों के मूल में स्थित देखा है। उन्होंने बताया है कि कपड़ों का व्यापार हिन्दुओं के हाथ में था, तो जूतों का मूसलमानों के, मोटर-लारियों पर मुसलमानों के तो अनाज का हिन्दुओं के। दंगों की चपेट में सब आते हैं और सुनियोजित ढंग से अनाज की मण्डी में आग लगाई जाती है।

मनोवैज्ञानिक अन्तर्दृष्टि भीष्म जी के चरित्रों के चित्रण में बराबर विद्यमान है। साधारणतया हिन्दू-मुसलमान साम्प्रदायिक तनाव के भयानक दौर में भी अपने चले आ रहे सम्बन्धों को निबाहते हैं। हाकिम सिंह की पत्नी अपनी बेटी की शादी के लिए सिलने को दिये गये कपड़े लेने खुदाबख्श दर्जी के यहाँ साम्प्रदायिक तनाव के माहौल में भी जाती है और वह भी उन कपड़ों को बड़ी आत्मीयता से सिलता है, जैसा तनाव के पहले। मतलब यह कि आम आदमी की जेहनियत में साम्प्रदायिकता नहीं है, इसे उनके जेहन में भरा जाता है, विषाक्त किया जाता है उनके मन-मस्तिष्क को। भीष्म जी यहाँ इन प्रकरणों से यही दिखाना और साबित करना चाहते हैं।

एक अत्यन्त मार्मिक प्रसंग गाँव के सरदार हरनाम सिंह और उसकी पत्नी से सम्बन्धित है। भीषण अमानवीयता, पैशाचिकता, रक्तापात और उन्माद के माहौल में आज भी इस प्रकार की मानवीय घटनायें घटते दिखाई पड़ती हैं और सच पूछा जाये तो हैवानियत के तमस में इन्सानियत की यही कुछ किरणें हैं, जो मन में यह आशा जगाती हैं कि आदमी बुनियादी तौर से बुरा नहीं है, सब कुछ सदा के लिए नष्ट नहीं हो गया है, इन्सानियत कहीं शेष है, अन्धेरे को चीरते हुए प्रकाश की

किरणें फिर चमकेंगी।

दंगों के दरम्यान, जबकि दंगे गाँवों में भी पहुँच गये हैं, मुस्लिम बहुल गाँव से अपनी बची-खुची कुछ चीजें और जेवर लेकर बूढ़े सरदार हरनाम सिंह अपनी औरत के साथ प्राण बचाने हेतु निकलते हैं। चारों तरफ लूटपाट, दहशत तथा आगजनी का वातावरण है। वे घबराकर अपने एक मुसलमान मित्र के घर पर पनाह लेने को विवश होते हैं। सुबह वे ढोक मुरीदपुर पहुँचकर जिस मकान पर दस्तक देते हैं, वह उनके परिचित का था। किन्तु इसी घर के लोग पिछली रात सरदार हरनाम सिंह का मकान लूट चुके थे। घर में मात्र एक स्त्री थी राजो। वह सरदार हरनाम सिंह को तथा उनकी बीबी को, मुसलमान होने के बावजूद, अपने घर में छिपाती है तथा अपने लोभी बेटे रमजान से उनकी रक्षा भी करती है। यही नहीं, वह नकदी तथा जेवरों सहित सरदार हरनाम सिंह तथा उनकी पत्नी को सुरक्षित गाँव की सीमा के बाहर तक पहुँचा आती है।

जैसा कि हमने कहा घोर अमानवीयता के बीच मनुष्य के भीतर छिपी मानवीयता के ये उदाहरण भले ही कम हैं, मनुष्य और मनुष्यता के उज्ज्वल भविष्य पर विश्वास कर सकने का हौसला देते हैं।

समग्रतः 'तमस' भीष्म साहनी का वह उपन्यास है, जो 'झूठासच' के बाद साम्प्रदायिकता की समस्या को कई कोणों से उभारता है तथा उसकी अमानवीय परिणतियों के नाते उनकी जड़ों को पनपाने वाली मानसिकता को धिक्कारता है। मनुष्यता के हक में हैवानियत के खिलाफ उठाई गयी सशक्त आवाज है 'तमस'।

भीष्म जी ने अपनी अनेक कहानियों में भी साम्प्रदायिकता की मनोवृत्ति को अपने विवेचन और विश्लेषण का विषय बनाया है। 'अमृतसर आ गया' उनकी वह प्रसिद्ध कहानी है, जिसमें साम्प्रदायिक मनोभावना का बड़ा ही मनोवैज्ञानिक चित्रण किया गया है।

समाजवादी धारा के कुछ अन्य उपन्यासकारों की संक्षिप्त चर्चा हम अगली पंक्तियों में करेंगे।

(3) **भैरवप्रसाद गुप्त, अमृतराय, रांगेय राघव और राहुल सांकृत्यायन** : समाजवादी धारा के अन्य उपन्यासकारों ने अपने उपान्यासों में प्रसंगतः हिन्दू-मुस्लिम सम्बन्धों को दर्शाया है। ये सम्बन्ध, जैसा कि हम कह चुके हैं, सामाजिक यथार्थ के अंग रूप में उनके उपन्यासों में उभरे हैं। इन उपन्यासकारों ने विशुद्ध सेक्यूलर मानसिकता के तहत उनका चित्रण किया है। इनकी आलोचना का लक्ष्य दोनों समाजों की समाजगत तथा धर्मगत रूढ़ियाँ हैं। अच्छे-बुरे चरित्र भी दोनों समुदायों के हैं। अमृतराय के 'बीज' तथा 'धुआँ' दो बड़े उपन्यास हैं, जिनमें इसी रूप में हिन्दू-मुसलमान पात्र आये हैं। भैरवप्रसाद सामन्ती पूँजीवादी व्यवस्था को उधेड़ने में अधिक सक्रिय रहे

हैं। रांगेय राघव ने 'विषादमठ' जैसे उपन्यास में हिन्दू-मुसलमान दोनों को अकाल की यातना भोगते दिखाया है और दोनों ही अपने-अपने समुदायों के जमाखोरों का शिकार हैं। इन उपन्यासकारों ने सीधे हिन्दू-मुस्लिम सम्बन्धों पर नहीं लिखा और न ही साम्प्रदायिकता पर लिखा है। जो कुछ इनके यहाँ आया है प्रसंगतः और यह उसी धर्म-निरपेक्ष मानसिकता के तहत आया है जैसा कि समाजवादी धारा के अन्य उपन्यासकारों के यहाँ। राहुल जी ने मुख्यतः ऐतिहासिक उपन्यास लिखे हैं। उनकी दो कहानियाँ जरूर हैं, जो 'वोल्गा से गंगा' में संग्रहीत हैं। एक है सुरैया, जिसमें अबुल फजल की बेटी सुरैया और टोडरमल के बेटे कमल की प्रणय कथा है। दूसरी है 'सफदर' जिसमें एक इंग्लैंड रिटर्न बैरिस्टर सफदर अपना सब कुछ राष्ट्रीय आन्दोलन में होम देते हैं। ये साम्प्रदायिक सद्भाव की कहानियाँ हैं तथा इस बात को दर्शाती हैं कि आजादी की लड़ाई में हिन्दू-मुसलमानों की समान शिकरत थी। मुस्लिम साम्प्रदायिकता तथा धार्मिक रूढ़ियों का जबर्दस्त विरोध राहुल के यहाँ है और हिन्दू धर्म के रूढ़िवाद का भी वैसा ही सशक्त विरोध। राहुल वस्तुतः धर्म को ही विच्छेदमूलक शक्ति मानते हैं और कहते हैं कि वास्तविक हिन्दू-मुस्लिम एकता दशहरा और ईद पर दोनों समुदायों के मिलन पर नहीं, हिन्दू तथा इस्लाम धर्म की चिता पर कायम होगी। वे धर्म को ही दोनों समुदायों में विच्छेद का कारण मानते हैं।

मार्कण्डेय मूलतः कहानीकार हैं; किन्तु उन्होंने कुछेक उपन्यास भी लिखे हैं। 'अग्निबीज' शीर्षक उपन्यास में भविष्य के भारत के अग्निबीजों की तलाश उन्होंने की है। उनमें ब्राह्मण भी हैं, क्षत्रिय भी, हरिजन भी और मुसलमान भी। इन जातियों के चार किशोरों का चरित्र उन्होंने अग्निबीज में प्रस्तुत किया है।

सामान्यतः समाजवादी धारा के उपन्यास धर्म-निरपेक्ष मानसिकता से लिखे गये उपन्यास हैं जिनमें नवजागरण तथा स्वतन्त्रता आन्दोलन के दौरान अर्जित मूल्यों के साथ-साथ समाजवादी जीवन मूल्यों की भी प्रेरणा तथा प्रस्तुति है। इस धारा के उपन्यासकारों ने बिना किसी पूर्वग्रह के भारतीय सामाजिक जीवन के यथार्थ तथा उसकी समस्याओं का विवेचन-विश्लेषण किया है। हर प्रकार की विभेदकारी मनोवृत्ति का विरोध करते हुए प्रशस्त राष्ट्रीय तथा अन्तर्राष्ट्रीय मानवतावाद पर इनके यहाँ बल है। इस धारा के उपन्यासकारों में कुछ हिन्दी उपन्यासों के अग्रणी रचनाकारों की पंक्ति में हैं।

(4) राही मासूम रज़ा : प्रगतिशील दृष्टिकोण से सामाजिक यथार्थ का चित्रण करने वाले आजादी के बाद के उपन्यासकारों में सर्वाधिक सशक्त नाम राही मासूम रजा का है। हिन्दी के मुसलमान उपन्यास लेखकों में भी वे अग्रणी हैं। अपनी धरती की गंध से आपूरित, अपने देखे और भोगे गये जीवन के यथार्थ अनुभवों

से विश्वसनीय बने राही के उपन्यासों का अपना अलग अन्दाज है। राही की चर्चा कभी-कभार आंचलिक कथाकारों में होती है, जो ठीक नहीं है। जनपदीय बोली और जनपदीय लोक जीवन की गहरी उपस्थिति के बावजूद अपने उद्देश्य, अपने परिप्रेक्ष्य एवं अपने सरोकारों में राही के उपन्यास आंचलिक या क्षेत्रीय फलक को लाँघकर राष्ट्रीय फलक पर अपनी उपस्थिति दर्ज कराते हैं। राही में दृष्टि और दृष्टिकोण तो है ही, एक प्रगतिशील परिप्रेक्ष्य भी है। सामाजिक यथार्थ का उनका चित्रण प्रकृतिवादी न होकर सोद्देश्य है। जो बात राही को समकालीन तमाम उपन्यासकारों में अलग से रेखांकित करने योग्य बनाती है, वह है अपनी धरती और उस धरती के लोगों से उनका लगाव। यह लगाव अन्यों में भी है; किन्तु राही की स्थिति कुछ भिन्न है। राही भारतीय नागरिक के रूप में, एक लेखक के रूप में, एक शरीफ पढ़े-लिखे इंसान के रूप में नहीं पहचाने जाते। वे आज के सन्दर्भों में पहचाने जाते हैं एक मुसलमान के रूप में और स्वातन्त्र्योत्तर भारत में एक मुसलमान के लिए अपनी भारतीयता प्रमाणित करना या कर पाना कितना दुष्कर है यह किसी से छिपा नहीं। देश के लिए जान दे देने के बावजूद उनकी गिनती देशभक्त भारतीय के रूप में न होकर मुसलमान के रूप में ही होगी और मुसलमान होने के नाते देश के प्रति उनकी कुर्बानी भी प्रश्नचिह्नों के घेरे में होगी। मुसलमान होने की त्रासदी नहीं, स्वातन्त्र्योत्तर भारत में एक मुसलमान के रूप में अपनी असन्दिग्ध भारतीयता के साथ न रह पाने की त्रासदी राही की त्रासदी है, उन जैसे तमाम-तमाम मुसलमानों की त्रासदी है। गद्दार हिन्दू गद्दार होने पर भी भारतीय ही माना जाएगा; किन्तु देशभक्त मुसलमान भारतीय होकर भी पाकिस्तान का एजेण्ट माना जाएगा, यह है आज के हिन्दुस्तान का माहौल। इस नाते राही को डंका पीट-पीट कर अपनी भारतीयता को विज्ञापित करना पड़ा है। अपने सेक्यूलरिज्म में राही की मिसाल नहीं है। उनका सेक्यूलरिज्म परिस्थितियों का तकाजा नहीं है, उनके द्वारा अपनाया गया कोई सुविधावाद नहीं है, उनकी कोई चाल नहीं है, सेकूयलरिज्म राही की रग-रग में खून की तरह बहा है। यह उन्हें विरासत में अपने पुरखों से मिला है, अपने अर्जित विचारों से मिला है, अपने गाँव और अपनी धरती से मिला है, उस गंगा से मिला है, जिसके किनारे बसे गंगौली में वे पैदा हुए। राही इस नाते सेक्यूयलर नहीं हैं कि हिन्दुओं के द्वारा उनकी इस नाते सराहना हुई कि मुसलमान होते हुए भी शुद्ध हिन्दी में उन्होंने 'महाभारत' के संवाद लिखे, इस नाते वे सेक्यूलर नहीं हैं कि मुसलमान होकर भी उन्होंने अपनी साहित्यिक अभिव्यक्ति का माध्यम हिन्दी को बनाया, इस नाते भी सेक्यूलर नहीं हैं कि मुसलमान होते हुए भी इस्लाम से जुड़े धार्मिक कठमुल्लापन का उन्होंने विरोध किया, वे सेक्यूलर इस नाते हैं कि सेक्यूरजिज्म उनका ईमान है, उनका विश्वास है, उनके खून में घुली-मिली चीज है। वह विज्ञापन नहीं उनकी नैतिकता है। उनका

सेक्यूलरिज्म तमाम दूसरे हिन्दू-मुसलमानों की तरह कोई छद्म नहीं है, वह उनके रहने और जीने की शर्त है।

राही ने कविताएँ भी लिखी हैं, 'लघु कथा' भी लिखी हैं, लेख और रिपोतार्ज भी लिखे है; किन्तु वे हिन्दी में प्रसिद्ध हैं एक उपन्यासकार के रूप में। उपन्यास भी उन्होंने कई लिखे हैं—कटरा बी-आर्जू, टोपी शुक्ला, ओस की बूँद, दिल एक सादा कागज; किन्तु उनकी ख्याति को अमर करने वाला उपन्यास है—'आधा गाँव', जिसमें राही ने अपने क्षेत्र गाजीपुर के शिया मुसलमानों के जीवन की सारी भीतरी-बाहरी सच्चाइयों को बड़े प्रामाणिक और बड़े विश्वसनीय रूप में, उस धरती की सौंधी गन्ध से एकमेक करते हुए लिखा है। यह क्षेत्रीय कथा भी बहुत बड़े परिप्रेक्ष्य को अपने दायरे में लेती है, और आजादी से पहले के, देश-विभाजन के समय को, और देश-विभाजन के बाद के भारत के सामाजिक यथार्थ को, विशेषतः गंगौली के शिया मुसलमानों की कथा के सन्दर्भ में पेश करती है।

'आधा गाँव' शीर्षक प्रतीकात्मक शीर्षक है। आधा गाँव प्रतीक है उस गंगौली का, जो एक पूरा गाँव न रहकर आधा गाँव रह गया है; क्योंकि उसके आधे मुसलमान बाशिन्दे पाकिस्तान चले गये हैं। आधा गाँव प्रतीक है उस गंगौली का, जो हिन्दू-मुसलमानों में आधा-आधा बँट गया है। यह उस विशाल और विराट गाँव हिन्दुस्तान का भी प्रतीक है, जो कि आजादी के बाद हिन्दुओं और मुसलमानों में आधा-आधा बँटा हुआ है। राही ने इस उपन्यास में इसी आधा गाँव की कहानी शिया-मुसलमानों के जीवन पर केन्द्रित होकर लिखी है। 'आधे गाँव' में मुहर्रम का त्यौहार भी एक प्रतीक के रूप में आया है। मुहर्रम गमी का त्यौहार है। 'आधे गाँव' की कहानी मुहर्रम से ही शुरू होती है और मुहर्रम में ही उसका अन्त होता है। समूचे उपन्यास में मुहर्रम ही मुहर्रम व्याप्त है। राही ने मुहर्रम के इस प्रतीक को उठाते हुए वस्तुतः इस उपन्यास में हिन्दुस्तान को करोड़ों-करोड़ मुसलमानों की उस यातना का वर्णन किया है, जो देश के विभाजन के बाद पाकिस्तान नहीं गये, जिन्होंने हिन्दुस्तान में बने रहना ही अपने भविष्य के लिए हितकर माना और इसी नाते जिनकी भारतीयता भी सन्दिग्ध है। होंगे हिन्दुस्तान में बहुत से मुसलमान पाकिस्तान के एजेण्ट; किन्तु जो पाकिस्तान के एजेण्ट नहीं हैं, जो देशभक्त हैं, भारतीय हैं, वे अपनी देशभक्ति और भारतीयता को किस प्रकार प्रमाणित करें। सन्दिग्ध बनकर करोड़ों-करोड़ हिन्दुस्तानी नागरिकों का हिन्दुस्तान में रहना और जीना एक भयानक यातना नहीं तो और क्या है? राही ने 'आधागाँव' में प्रकारान्तर से इस महत्त्वपूर्ण सवाल को भी उठाया है। उनके हृदय में इस स्थिति को लेकर इतनी कचोट है, इतनी तड़प, इतना विक्षोभ है कि उपन्यास की आधे से ज्यादा कहानी कह लेने के बाद वे उसकी भूमिका लिखते हैं और भूमिका में कहते हैं—"जनसंघ का कहना है कि मुसलमान यहाँ के नहीं हैं।

मेरी क्या मजाल कि मैं उसे झुठलाऊँ। मगर यह कहना ही पड़ता है कि मैं गाजीपुर का हूँ। गंगौली से मेरा सम्बन्ध अटूट है। यह एक गाँव ही नहीं हैं; वह मेरा घर भी है। घर...!... मैं किसी को यह हक नहीं देता कि वह मुझसे यह कहे—राही! तुम गंगौली के नहीं हो। इसलिए गंगौली को छोड़कर, मिसाल के लिए रायबरेली चले जाओ। क्यों चला जाऊँ साहब, मैं तो नहीं जाता।" इसी तर्ज पर कहा जा सकता है कि जनसंघ वाले कहा करें कि हिन्दुस्तान के मुसलमान पाकिस्तान चले जायें। क्यों चले जायें मुसलमान पाकिस्तान। जिनको जाना हो वे जायें—किन्तु जो अपना घर-द्वार और अपनी जमीन छोड़कर पाकिस्तान नहीं जाना चाहते, उन्हें कोई कैसे ठेलकर पाकिस्तान भेज सकता है? और फिर सम्प्रदायवादी हिन्दुओं को हक क्या है कि वे किसी को भारतीय होने या भारतीय न होने का, देशभक्त होने या देशभक्त न होने का प्रमाणपत्र दें। वे अपने भारतीय और देशभक्त होने का प्रमाणपत्र क्यों नहीं प्राप्त करते। उन्हें किसने यह कह दिया है कि वे मुसलमानों की देशभक्ति तथा भारतीयता पर सन्देह करें। हिन्दुस्तान कोई उनकी मिल्कियत या मकान नहीं है, जिसके वे मालिक हों और जिसमें मुसलमान किरायेदार की तरह रहते हों, कि वे मुसलमानों से कहें कि हमारे देश में, हमारे मकान में रहना हो तो हमारी शर्तों पर रहो; अन्यथा अपना देश या यह मकान बदल लो। बिडम्बना है कि जिस जनसंघ ने, या जिस भारतीय जनता पार्टी ने तथा उसके नेताओं ने भारत के स्वतन्त्रता-संग्राम में रत्ती भर भी भाग नहीं लिया, जिन्होंने आजादी की लड़ाई में अंग्रेजों के साथ सहयोग किया, जिनके नेताओं ने आजादी की लड़ाई में कुछ भी बलिदान नहीं दिया, आजादी के बाद वे देश के मालिकों का-सा रुख अख्तियार कर उन मुसलमानों की देशभक्ति और भारतीयता पर प्रश्नचिह्न लगाने, उन्हें देश छोड़ जाने के लिए कहें, उन्हें धमकियाँ दें, आजादी की पूरी लड़ाई के दौरान जिनकी उसमें शानदार शिरकत रही है, जिन्होंने आजादी के लिए अपना खून, अपने प्राण अर्पित किये हैं, फाँसी के फन्दों पर झूले हैं। 'आधागाँव' की कहानी के माध्यम से राही ने इस तरह के तमाम सवाल उठाए हैं और हमें इस स्थिति पर गम्भीरतापूर्वक विचार करने के लिए प्रेरित किया है।

इस उपन्यास में राही ने दिखाया है कि देश-विभाजन के पूर्व हिन्दुओं और मुसलमानों की साम्प्रदायिक राजनीति क्या थी। हिन्दुओं को अपनी उन संस्थाओं और राजनीतिक पार्टियों की बात जाने दें, जो घोषित रूप से हिन्दू साम्प्रदायिकता के आधार पर जन्मी और गठित हुई थीं। उस मुस्लिम लीग की बात भी जाने दें, जो खुल्लम-खुल्ला राष्ट्रीय स्वाधीनता का विरोध करते हुए मुसलमानों को एक अलग राष्ट्र या कौम घोषित कर उनके लिए पाकिस्तान की माँग कर रही थी, राही ने दिखाया है कि स्वयं कांग्रेस के भीतर, जो स्वाधीनता संग्राम का नेतृत्व कर रही थी,

अपने स्वरूप में धर्म-निरपेक्ष थी, हिन्दुओं और मुसलमानों, दोनों को लेकर स्वाधीनता की लड़ाई में सक्रिय थी, कैसे दो प्रकार की मानसिकताएँ विद्यमान थीं। एक ओर वे लोग थे, जो सही मायनों में धर्म-निरपेक्ष थे, किन्तु उसी कांग्रेस के भीतर वे लोग भी थे, जो धर्म-निरपेक्षता का महज छद्म ओढ़े थे, भीतर कहीं वैसे ही साम्प्रदायिक थे, जैसे जनसंघ वाले। राही ने एक बड़े धार्मिक प्रसंग के सन्दर्भ में कांग्रेसी नेताओं की इस साम्प्रदायिक मानसिकता को बेनकाब किया है।

गंगौली के सबसे जानदार जीवट वाले नागरिक हैं—फुन्नन मियाँ। अनपढ़, किन्तु अक्खड़। खरी कहने वाले। जाहिल किन्तु सच्चे संवेदनशील मर्द। जिनका पाकिस्तान या मुस्लिम लीग से कुछ भी लेना देना नहीं है, कांग्रेस या स्वाधीनता संग्राम से भी कोई सीधा ताल्लुक नहीं। हिन्दू-मुसलमान जैसा भेद उनके मानस में था ही नहीं। आजादी की लड़ाई के दौरान गंगौली में ब्रिटिश दमन-चक्र चलता है और तीन नौजवान शहीद होते हैं। इनमें दो हिन्दू हैं और एक मुसलमान—स्वयं फुन्नन मियाँ का अपना बेटा। किन्तु आजादी के बाद कांग्रेसी नेता जब गंगौली आकर शहीदों का सम्मान करते हैं, तो दो हिन्दू नौजवान शहीदों का नामोल्लेख तो करते हैं, फुन्नन मियाँ के बेटे का जिक्र तक नहीं करते। फुन्नन मियाँ इस प्रसंग से मर्माहत हो उठते हैं, कहते है—"ए साहब, हियाँ एक ठो हमरहू बेटा मारा गया रहा। अइसां ना रहा कि कोई आपको ओका नाम न बताइस। ओका नाम मुमताज रहा।" सच है कि फुन्नन मियाँ को अपने शहीद बेटे का नाम खुद बताना पड़ता है। क्या आजाद हिन्दुस्तान में शहीदों की गिनती करते समय उन्हीं की शहादत को गिना जाएगा जो हिन्दू थे। रामप्रसाद बिस्मिल का नाम लिया जाएगा, हिन्दू होने के नाते—अशफाकुल्ला की फाँसी को महज इसलिए भुला दिया जाएगा कि वह मुसलमान था। फुन्नन मियाँ की यह हार है कि जिन्हें अपने शहीद बेटे का नाम खुद बताना पड़ा। किन्तु फुन्नन मियाँ निराश नहीं होते। इस सरल, किन्तु अक्खड़-अनपढ़ जीवट वाले मुसलमान की जेहनियत पर सम्प्रदायवाद की कहीं कोई कालिमा नहीं चढ़ती। उन्हें झूठे आरोप लगाकर जेल में बन्द किया जाता है; किन्तु जेल से निकलकर वे पाकिस्तान और मुस्लिम लीग की वैसी ही खिलाफत करते हैं। बड़े सहज-मार्मिक प्रसंगों को उठाकर इस उपन्यास में राही ने आजादी के हिन्दुस्तान के बड़े कटु सत्य कहे हैं। राही में जो आवेग और तड़प है, जैसा कि हम कह चुके हैं, वह इस नाते है कि वे इस त्रासदी के महज वक्ता और द्रष्टा ही नहीं भोक्ता भी हैं। स्मरण रहे कि महाभारत के संवाद लिखने के नाते—(मुसलमान होकर भी संस्कृत गर्भित हिन्दी में इतने प्रभावशाली संवाद लिखने के नाते) राही सराहे गये, साम्प्रदायिक मानसिकता के हिन्दूवादियों द्वारा जिन्हें सियासतन या अपवाद स्वरूप भारतीय मुसलमान मना गया; पाकिस्तानी एजेण्ट के रूप में जिनको सन्दिग्धता के

दायरे से अलग रखा गया—कृपापूर्वक; इन्हीं तत्त्वों ने उनके उपन्यास 'आधागाँव' का हर स्तर पर विरोध किया था। राही की धर्म निरपेक्षता किसी के प्रमाणपत्र की मुंतजिर नहीं है, और न ही उनकी भारतीयता और उनकी देशभक्ति, जो 'आधागाँव' उपन्यास की पंक्ति-पंक्ति के भीतर है, अपना परिचय दे रही है।

बड़ी कचोट के साथ 'आधागाँव' में राही ने लिखा है कि इधर कुछ समय से गंगौली में गंगौली वालों की संख्या कम हो गयी है और सुन्नियों, शियाओं और हिन्दुओं की संख्या अधिक हो रही है। वह विरादराना भाव, जिसके तहत गंगौली में पहले शिया-सुन्नी, हिन्दू सब गंगौली वाले होकर रहते हो, आज शिया, सुन्नी और हिन्दुओं के रूप में जाने-पहचाने जा रहे हैं। राही का यह दर्द कम महत्त्वपूर्ण नहीं है; कारण यह गंगौली का सत्य नहीं, पूरे हिन्दुस्तान का सत्य है, जहाँ हिन्दुस्तानी कम, हिन्दू व मुसलमान ज्यादा होते जा रहे हैं।

'आधा गाँव' में राही ने यह भी बताने का प्रयास किया है कि साधारण, अपढ़ या हम पढ़े-लिखे आम मुसलमानों की धार्मिक निष्ठा को साम्प्रदायिक नेता किस प्रकार प्रभावित करते हैं, उन्हें धर्म का सब्जबाग दिखाकर गुमराह करते हैं, पाकिस्तान के हक में उन्हें लाने का प्रयास करते हैं तथा राष्ट्रीय मुख्यधारा से उन्हें काट देते हैं। जो साम्प्रदायिकता और जो साम्प्रदायिक दंगे कभी शहरों की ही चीज हुआ करते थे, कैसे गाँवों में भी शुरू हो जाते हैं और सदियों से बिरादर के रूप में रह रही ग्रामीण जनता को हिन्दू और मुसलमानों के रूप में बाँट देते हैं। 'आधागाँव' के कई परिच्छेदों में राही ने स्वतन्त्रता संग्राम की सक्रियता को गंगौली के भीतर दिखाया है; और दिखाया है कि कैसे गंगौली के मुसलमान स्वाधीनता आन्दोलन तथा पाकिस्तान समर्थन के दो धड़ों में विभाजित हो जाते हैं। 'नमक' शीर्षक अध्याय में बगदाद से आये अब्दुल अली गंगौली में भाषण देते हैं। 'भारत छोड़ो' आन्दोलन का दौर गंगौली में भी आता है और उसी में गाँव के दो हिन्दू नवजवानों के साथ फुन्नन मियाँ का दूसरा बेटा मुमताज दरोगा हरनारायण प्रसाद की गोली से मारा जाता है। उनका बड़ा बेटा अंग्रेजी फौज में भर्ती होकर दूसरे महायुद्ध में पहले ही मारा जा चुका था।

गाँव का ही अब्बास अलीगढ़ यूनीवर्सिटी में पढ़ता है, कायदे आजम से प्रभावित होता है और गाँव आकर पाकिस्तान के हक में प्रचार करता है। फुन्नन मियाँ, जिगदाद और कुछ पाकिस्तान का विरोध करते हैं, जबकि गाँव के ही कुछ दूसरे मुसलमान उसके पक्ष में हो जाते हैं।

देश-विभाजन तथा आजादी से पहले सन् 1946 में हुए बंगाल तथा बिहार के दंगे भी गंगौली गाँव पर अपना असर डालते हैं। गंगौली में इन दंगों में मारे जाने वाले हिन्दू-मुसलमानों की चर्चा होती है और वहाँ भी साम्प्रदायिक तनाव बढ़

जाता है। 'तनहाई' शीर्षक अध्याय में विभाजन के बाद की स्थितियों का वर्णन है। जमींदारी प्रथा आजादी के बाद खत्म कर दी जाती है, तो गाजीपुर के मुसलमान जमींदारों को आघात लगता है। साम्प्रदायिक विष देश-विभाजन के बाद भी फैलता रहता है और फैलाया जाता है। हिन्दुस्तान में मस्जिदों को मन्दिरों में बदल डालने की अफवाहें आम मुसलमान की जेहनियत में भरी जाती है। आजादी कुछ लोगों के लिए सुख-समृद्धि का पैगाम लाती है। कुछ लोग नेता बनकर आजादी के मजे लूटते हैं और अपना हिसाब चुकता करते हैं।

जैसा हमने पहले भी कहा है, गंगौली के शिया मुसलमानों के जीवन तथा बोली-बानी के सघन चित्रण के बावजूद आधागाँव आंचलिक उपन्यास नहीं है। इसका परिप्रेक्ष्य बड़ा है और यह एक प्रकार से पूरे स्वाधीनता आन्दोलन तथा देश-विभाजन की राजनीति, साम्प्रदायिकता आदि सबको अपनी परिधि में ले लेता है।

बड़े वस्तुनिष्ठ अन्दाज में, पूर्वाग्रहों से सर्वथा रहित होकर राही ने गंगौली के शिया मुसलमानों तथा गंगौली में विद्यमान हिन्दू-मुस्लिम सम्बन्धों की कथा कही है। उपन्यास में मुसलमान पात्र तो बड़ी संख्या में हैं ही, हिन्दू पात्र भी हैं। जितनी वस्तुनिष्ठता से राही ने शिया मुसलमानों के जीवन तथा चरित्र को, उनके सामाजिक रीति-रिवाजों, मान्यताओं, ढोंगों तथा छद्मों को उजागर किया है, उतनी ही वस्तुनिष्ठता से उन्होंने हिन्दुओं के चरित्रों का चित्रण भी किया है। हिन्दू-मुस्लिम मैत्री, जो गाँव के सामान्य जीवन का हिस्सा थी, उपन्यास में ज्वलन्त सच्चाई के रूप में उभरी है और उनकी निजी लाग डाँट तथा दुश्मनी भी धर्म के आधार पर नहीं, गंगौली वासी होने के नाते स्थानीय मुद्दों, मान-प्रतिष्ठा को लेकर थी। फुन्नन मियाँ और उनके हिन्दू मित्र में लाठियाँ इसलिए नहीं चलतीं कि एक हिन्दू है और दूसरा मुसलमान। उनकी दुश्मनी का सम्बन्ध गाँव में उनके अपने रोब-दाब, मान-प्रतिष्ठा जैसे सवालों को लेकर है। यह पुरानी पीढ़ी के, पुराने जीवन-मूल्यों को जीने वाले लोग थे, जो लड़ते भी हैं किन्तु क्षुद्रता से नहीं। ठाकुर कुँवरपाल सिंह और फुन्नन मियाँ में पुरानी दोस्ती है; किन्तु रोब-दाब की प्रतिस्पर्धा भी है। फुन्नन और ठाकुर कुँवरपाल सिंह में लाठियाँ चलती हैं, ठाकुर कुँवरपाल सिंह फुन्नन मियाँ की लाठी से मारे जाते हैं; किन्तु वे मरने से पहले फुन्नन मियाँ को अपना दोस्त घोषित कर जाते हैं। फुन्नन मियाँ बँधने से बच जाते हैं।

बड़े जीवन्त चरित्रों और बड़े प्रामाणिक जीवन-चित्रों को लेकर 'आधागाँव' की रचना हुई है, जो राही मासूम रजा की लेखनी से उपजी समकालीन रचनाशीलता की एक बहुत श्रेष्ठ उपलब्धि तो है ही, राही मासूम रजा की राष्ट्रीय, धर्म निरपेक्ष मानसिकता के लिए भी जो अपने में बेमिसाल है।

हिन्दू-मुस्लिम सम्बन्धों पर, साम्प्रदायिकता पर हिन्दी उपन्यास में कितना

कुछ लिखा गया है, किन्तु राही मासूम रजा का लेखन कदाचित् अलग से रेखांकित होने योग्य है; इसलिए कि वह अपने प्रभाव, अपने परिप्रेक्ष्य और अपनी अंतर्निहित रचना-दृष्टि और विचारधारा में अपनी पहचान अलग ही कराता है। 'टोपी शुक्ला' और 'ओस की बूँद' उनके अन्य उपन्यास हैं, जिनका सम्बन्ध भी हिन्दू-मुस्लिम साम्प्रदायिकता से है। 'टोपी शुक्ला' में राही ने हिन्दू तथा इस्लाम दोनों के कठमुल्लेपन को अपनी भर्त्सना का निशाना बनाया है तथा इस बात का प्रतिपादन किया है कि भिन्न धर्म के बावजदू मानवीय सम्बन्ध बने रहते हैं। मनुष्यता का जो समान तार हिन्दुओं और मुसलमानों को सदियों से बाँधे हुए है, उसी को राही ने 'टोपी शुक्ला' में महत्त्व प्रदान किया है। 'ओस की बूँद' में साम्प्रदायिक दंगों का विवरण है। साम्प्रदायिकता के विष के घातक परिणामों, रक्तपात, आगजनी और हिंसा के बीच भी किस प्रकार मानवीयता का सहज तार हिन्दू-मुसलमानों को एक सूत्र में बाँधे रहता है, वे मुसीबत में एक-दूसरे की मदद करते हैं, राही का सारा जोर इसी तथ्य पर है।

समग्रतः राही मासूम रजा के ये उपन्यास साम्प्रदायिक मनोभावना पर कठोर प्रहार करते हैं, हिन्दू-मुस्लिम फिरकापरश्ती की धज्जियाँ उड़ाते हैं एवं साम्प्रदायिक सद्भावना तथा धर्म निरपेक्षता की उस मनोभावना को सुदृढ़ करते हैं, जो आज की सबसे बड़ी जरूरत है।

(5) **बलवन्त सिंह :** देश के विभाजन को लक्ष्य बनाकर यशपाल के 'झूठा-सच' की परम्परा में बलवन्त सिंह का 'काले कोस' उपन्यास अपनी विशिष्टता में हमारा ध्यान इस नाते आकर्षित करता है कि इसमें देश-विभाजन के क्रूर यथार्थ तथा उसके परिणामस्वरूप उपजी अमानवीयता का तो रोमांचक और यथार्थ उद्‌घाटन है ही, लेखक का सारा बल मनुष्य और मनुष्य को आपस में जोड़ने वाले इस तार पर है, जिसे कि विभाजन क्षतिग्रस्त करता है। एक ही जमीन, एक ही भाषा और एक ही संस्कृति में रचे-पगे सदियों से साथ-साथ रहने वाले हिन्दू-मुसलमान, कैसे अपने धर्म की पहचान को उभारते हुए एक-दूसरे के खून के प्यासे हो जाते हैं, इस त्रासद तथ्य को बलबन्त सिंह ने बड़ी तटस्थता के साथ कहा है। किन्तु बलवन्त सिंह इस तथ्य को भी नजरअन्दाज नहीं करते कि विभाजन की समूची अमानवीयता के बीच भी मनुष्यता के समान तार एकदम क्षतिग्रस्त नहीं हो पाते। लेखक ने विभाजन के पीछे की राजनीति को लांछित किया है, तथा उस राजनीतिक सामाजिक सोच की भर्त्सना की है, जो धर्म और संस्कृति के नाम पर साम्प्रदायिकता को पनपाती और पोसती है। उपन्यास में हिन्दू-मुसलमान चरित्रों की अच्छी-खासी संख्या है—जो अपने-अपने चरित्र का वैशिष्ट्य लिए हुए उपन्यास में आते हैं।

समग्रतः बलवन्त सिंह का उक्त उपन्यास साम्प्रदायिक मनोभावना के सशक्त

प्रतिरोध का उपन्यास है और लेखक की सेक्यूलर मानवतावादी सोच का निदर्शक। बलवन्त सिंह के अन्य उपन्यास भी हैं, जिनमें पंजाब की हिन्दू-मुसलमान साझा संस्कृति को प्रस्तुत किया गया है।

(6) शानी का कालाजल : 'कालाजल' उपन्यास में शानी छत्तीसगढ़ के मुस्लिम परिवारों के भीतर प्रवेश करके एक अंतेवासी के रूप में उस बदबूदार काले जल की सड़ाँध को चित्रित करते हैं जो महज मोनी तालाब के जल की सड़ाँध ही नहीं है, निम्न मध्यवर्गीय मुस्लिम समाज की अपनी सड़ाँध भी है। मुस्लिम परिवारों के जीवन का कुछ ऐसा ही चित्र राही 'आधागाँव' में पेश करते हैं। यहाँ कथावाचक 'मैं' है, जो अपनी छोटी फूफी के यहाँ शबेरात की फातिहा पढ़ने गया है और जिस भी बुजुर्ग के नाम पर फातिहा पढ़ी जाती है, उनकी जिन्दगी के क्षण खुले पन्ने के रूप में सामने आते-जाते हैं। कहने को रूढ़ियों-रीतियों की जो जकड़न, अर्थ और काम सम्बन्धों की जो असलियत निम्नवर्गीय इन मुस्लिम परिवारों की है लगभग वैसी ही निम्नमध्यवर्गीय हिन्दू परिवारों में भी है। एक बड़ी गहरी समानता धर्म के अन्तर के बावजूद यह दिखाई पड़ती है कि मानव स्वभाव सब कहीं एक है—जिसके क्रिया-कलाप एक हैं, उनके कर्मकाण्ड, रूढ़ियाँ, रीतियाँ, उनके उत्कर्ष तथा अधःपतन के किस्से एक हैं। धर्म तो ऊपरी मुखौटा है, जिसे इन लोगों पर चढ़ा दिया गया है। बड़ी कलात्मकता और बड़ी प्रमाणिकता से शानी ने अपने स्वजनों के अन्तरंग और बहिरंग को उद्घाटित किया है अपने उपन्यास में।

दिलचस्प तथ्य यह है कि इस कथा के मुस्लिम परिवारों में केन्द्रित होने के बावजूद इसमें हिन्दू पात्र भी हैं—बिल्कुल उसी तरह जिस तरह सामाजिक जीवन में ये पास-पास रहते, मिलते-भेंटते और झगड़ते हैं। मिर्जा करामत अली और बी. दारोगन, जो हिन्दू ग्वाले की लड़की थी और मिर्जा से विवाह करके मुसलमान बनी, उसके परिवार की कहानी 'कालजल' है। मिर्जा और बी. दारोगन के बाद परिवार की पीढ़ी है—मिर्जा रोशन बेग और छोटी फूफी और उनके बाद की पीढ़ी मोहसिन सल्लो आदि की। इन्हीं में कहीं रफू मियाँ भी हैं। कहानी मुस्लिम परिवारों की अन्तरंग जिन्दगी पर केन्द्रित होते हुए भी भारत के स्वाधीनता आन्दोलन का स्पर्श करती है, छोटी फूफी का बेटा नायडू के नेतृत्व में जिस में भाग लेता है अपना केरियर चौपट करता है और अन्त में बड़े तल्ख अनुभवों से गुजरता हुआ पाकिस्तान जाने की सोचता है। 'आधागाँव' में जिस तरह राही ने मुस्लिम कौम की अस्वाभाविक मान्यता को उभारा है, जो महज मुसलमान होने के नाते उन्हें देशभक्ति के दावे से वंचित करती है, उपन्यास के अन्त में वकार और मोहसिन का वार्तालाप भी इसी मान्यता को जैसे रेखांकित करता है।

'यहाँ आदमी की कद्र नहीं है'—मोहसिन ने दाँतों को चबाकर कहा, 'जो जितना

बड़ा बेईमान है वह उतना ही बड़ा आदमी है और चाहे घर हो या बाहर, ईमानदारी से चलने वाले को नायडू की-सी मौत मिलती है। कोई नाम लेवा भी नहीं रह जाता। ...पिछली सारी बातें बेवकूफियों से भरी लगती हैं। कैसी-कैसी उठापटक नहीं मचायी, क्या-क्या बचपना नहीं किया। आज सोचने पर हँसी आती है, हुँह, देश का उद्धार करने चले थे।'

"और तुम तो कुछ न कहना, अगर कहूँ कि मुझे इस देश-प्रेम में बिल्कुल विश्वास नहीं रहा।...वह तो अम्मी की वजह से बँधा बैठा हूँ। मेरा वश चले तो इसी पल यहाँ से भाग निकलूँ?"

'कहाँ? भागकर जा ही कहाँ सकते हो? पाकिस्तान...।'

'और क्या? बल्कि मेरी मानो तो तुम्हें भी यही सलाह दूँगा...यहाँ जिन्दगी भर बीच के आदमी बने रहोगे, न इधर के, न उधर के।'

"क्या सचमुच यह वही मोहसिन है जिसने कभी रियासती नौकर के बेटे होने के बावजूद इस बंजर धरती में इंकलाबी कदम उठाये थे, जिसने कभी पी.सी. नायडू का अकेले दम पर साथ दिया था।"

''मैं जानता हूँ'', उसने कहा—'तुम्हें लगता होगा कि मैं बक रहा हूँ या यह कि मेरी बातों में साम्प्रदायकिता की बू आती है; पर अपने को अच्छी तरह टटोलकर देखो तो तुम भी खुद स्वीकार करोगे। क्या हम सब लोग यहाँ लादे हुए मुगालते में नहीं जी रहे? और जिसे तुम राष्ट्रीयता और ईमानदारी समझ रहे हो क्या वह सिर्फ मजबूरी नहीं है?"

मैं हँसने लगा। बोला—"मोहसिन तुम तो झगड़ों जैसी बातें करते हो। यह गनीमत है कि हमारी बात और कोई नहीं सुन रहा; वरना ऐसा ही ख्याल पूरी कौम को बदनाम करते हैं।"

"दरअसल मेरी आँखों के सामने 48 के बाद का वह जमाना घूम गया, जब कस्बे के कुछ लोग और हमारे ही रिश्तेदार पाकिस्तान भाग रहे थे...उसी बीच दफ्तर की ओर से अब्बा से भी पूछताछ हुई थी; लेकिन उन्होंने इंकार कर दिया। कुछ हमदर्दों ने दबी जबान में समझाया तो बोले मरना-कटना होगा तो यहीं मर-कट जायेंगे। बुढ़ापे में मिट्टी खराब करने कहाँ जायेंगे?"

और उसकी के साथ वाला वह दौर जब हम शक की नजर से देखे जाते थे। स्कूल में लड़के हम लोगों पर ताने कसते थे कि भेजो सालों को पाकिस्तान। और मुझे तब यह सोचकर रोना आता था कि हमें बेईमान क्यों समझते हैं? हमारा दोष क्या सिर्फ यही है कि हमने मुस्लिम परिवार में जन्म लिया है। (कालाजल—310-311, पाकेटबुक्स)।

शानी का कालाजल साम्प्रदायिकता विरोध का उपन्यास है।

(7) **झीनी-झीनी बीनी चदरिया : अब्दुल बिस्मिल्लाह :** अब्दुल बिस्मिल्लाह हिन्दी के युवा कथा लेखक हैं। कहानियाँ हो अथवा उपन्यास अब्दुल बिस्मिल्लाह की सेक्यूलर सोच उनके समूचे कथा-लेखन में अलग से पहचानी जाती है और जो पाठक को गहरे प्रभावित भी करती है। 'झीनी-झीनी बीनी चदरिया' उपन्यास का सीधा सम्बन्ध साम्प्रदायिकता की समस्या नहीं है। इस उपन्यास का मुख्य कथ्य काशी के साड़ी बुनकरों से है, जो मुसलमान हैं—शोषित हैं। साड़ी बुनकरों के आर्थिक-शोषण को केन्द्र में रखकर लिखा गया यह उपन्यास इस विषय को उजागर करता है कि साड़ी बुनकरों के इस शोषण में किस प्रकार मुसलमान गिरस्त तथा हिन्दू व्यापारी और दलाल—इन सबकी साँठ-गाँठ और मिली भगत है। हज करके हाजी बन जाने के बावजूद ये हाजी परिवार अपने ही धर्म और अपनी ही बिरादरी के कारीगरों का किस प्रकार जबर्दस्त आर्थिक शोषण करते हैं। अब्दुल बिस्मिल्लाह ने बड़े ही बेलौस तरीके से इस शोषण को हमारे समक्ष प्रस्तुत किया है। शोषक वर्ग—हाजी तथा हिन्दू सेठ इस शोषण में कैसी मिलीभगत करते हैं—अलग-अलग धर्मों के होते हुए भी अपने आर्थिक हितों में वे किस प्रकार भाईचारा बरतते हैं, इस सत्य को भी अब्दुल बिस्मिल्लाह ने उजागर किया है। अब्दुल बिस्मिल्लाह के उक्त उपन्यास का मुख्य पात्र मतीन वाराणसी से ऊबकर टी.वी. से ग्रस्त अपनी बीवी तथा बच्चे को छोड़कर मऊनाथ भंजन जाता है—नये सिरे से अपने को जमाने के लिए, किन्तु वहाँ भी शोषण का चक्र उसे नहीं छोड़ता। मऊनाथ में ही साम्प्रदायिक दंगा भी होता है, और मतीन को अन्ततः पुनः काशी आना पड़ता है। अब्दुल बिस्मिल्लाह ने उपन्यास में साम्प्रदायिकता के मूल में विद्यमान आर्थिक मुद्दों को भी अप्रत्यक्ष रूप में उठाया है। साम्प्रदायिक दंगा मऊ में इस नाते होता है कि मुसलमान बुनकर अपने करघों को छोड़कर भाग जाएँ और उन पर हिन्दुओं का कब्जा हो जाए। भिवंडी महाराष्ट्र में हुआ साम्प्रदायिक दंगा भी इसी नाते हुआ था कि भिवंडी के मुसलमान बुनकर जो मुख्यतः उत्तर प्रदेश के हैं, अपने करघों को छोड़कर उत्तर प्रदेश भाग जाएँ और उन करघों पर हिन्दुओं का कब्जा हो जाए। कहने का तात्पर्य यह है कि साम्प्रदायिकता अपने में अलग कोई समस्या नहीं है, कभी वह धर्म की आड़ लेकर, कभी आर्थिक हितों की आड़ लेकर, कभी राजनीतिक स्वार्थों के चलते उकसाई और पनपाई जाती है।

(8) **शहर में कर्फ्यू : विभूतिनारायण राय :** विभूतिनारायण राय, जो भारतीय पुलिस सेवा में उच्च पदस्थ अफसर रहे हैं, तथा अपने कथा-लेखन के नाते एक लेखक के रूप में भी ख्यात हैं—अपने इस अत्यन्त लघु उपन्यास में साम्प्रदायिकता की समस्या को विस्तार से न उठाकर उसके एक पहलू को उजागर करते हैं। साम्प्रदायिक दंगों के समय कर्फ्यू लगना आम बात है। किसी मामूली से प्रसंग को लेकर इलाहाबाद में साम्प्रदायिक दंगा होता है। तीन दिन के इस दंगे में अनेक लोग—हिन्दू-मुसलमान

दोनों—हताहत होते हैं और पूरे नगर में कर्फ्यू लग जाता है—अनिश्चित काल का। स्वयं एक उच्च पदस्थ पुलिस अफसर होने के नाते विभूतिनारायण राय इस बात की पुष्टि करते हैं कि भारतीय पुलिस, जिसे साम्प्रदायिक दंगों के माहौल में तटस्थ होकर शान्ति स्थापना हेतु प्रयत्नशील होना चाहिए तथा बिना किसी पक्षपात के जन और धन के रक्षक की भूमिका निभानी चाहिए, स्वयं साम्प्रदायिकता के विष-बीज से ग्रस्त है। उत्तर प्रदेश की पुलिस तथा पी.ए.सी. के लिए यह विख्यात है कि वह शत-प्रतिशत साम्प्रदायिक मनोभावना का शिकार है। कर्फ्यू के दौरान जहाँ हिन्दू-मुहल्लों में कर्फ्यू महज नाम का रहता है, वहाँ मुस्लिम मुहल्लों में वह सख्ती के साथ लागू किया जाता है। यह भेदभाव बहुत स्पष्ट रूप से यथार्थ का अंग बनकर उपन्यास में उजागर हुआ है। साधारण मुसलमान परिवार कर्फ्यू के दौरान किस गहरी मानसिक यातना, अपमान और दहशत में जीते हैं तथा साम्प्रदायिक संस्कारों वाली पुलिस उनके साथ किस प्रकार का अमानवीय वर्ताव करती है, विभूतिनारायण राय ने कुछेक मुस्लिम परिवारों को केन्द्र में रखकर उनकी त्रासदी को अपने इस छोटे-से उपन्यास में उजागर किया है। स्मरण रहे कि यह वह उपन्यास है, भारतीय जनता पार्टी तथा विश्व हिन्दू परिषद के नेताओं ने जिसे जला डालने की धमकियाँ तक दी थीं। जहाँ तक लेखकीय रुख का सवाल है तो सर्जक की मानवीयता यही है कि विभूतिनारायण राय की सोच गहरी मानवीयता की सबल सोच है। उनकी मानवीय संवेदना धर्म के आर-पार जाकर मनुष्य की भावना को उभारती है। वह हिन्दू हो या मुसलमान; स्वयं हिन्दू होते हुए उन्होंने जिस तथ्यपूर्ण ढंग से कर्फ्यू के दौरान साधारण मुसलमान नागरिकों के साथ पुलिस ने अमानवीय सुलूक को चित्रित किया है, वह अपने में एक मिसाल है, लेखकीय तटस्थता और वस्तुनिष्ठता का उस मानवीय संवेदना का, जिसके चलते बंगलादेश की लेखिका तस्लीमा नसरीन का 'लघु' उपन्यास चर्चा का विषय बना है। तस्लीमा नासरीन के उपन्यास का वैशिष्ट्य इसी गहरी मानवीय संवेदना के नाते है, जिसके तहत मुसलमान होते हुए भी तस्लीमा नासरीन ने बावरी मस्जिद के ध्वस्त होने के बाद बंगलादेश में आए साम्प्रदायिक उन्माद की भर्त्सना की है, जिसमें बंगलादेश के हिन्दू नागरिकों के साथ जबरदस्त अन्याय हुआ, वहाँ के हिन्दू मन्दिरों को ध्वस्त किया गया तथा निर्दोष हिन्दू नागरिकों की हत्याएँ की गयीं, महिलाओं को बेइज्जत किया गया तस्लीमा नसरीन के उपन्यास को प्रतिबन्धित किया गया। उनके अपने देश में; जिस प्रकार विभूतिनारायण राय के उपन्यास के खिलाफ, भारत की हिन्दू-सम्प्रदायवादी शक्तियों ने मुहिम छेड़ी। 'लज्जा' तथा 'शहर में कर्फ्यू' अपने ढंग से समान मानवीय संवेदना से प्रेरित उपन्यास हैं, विवेकी रचनाकार और धर्म की चौहद्दियों को लाँघ मनुष्य को मनुष्य के रूप में देखते हैं—हिन्दू या मुसलमान के रूप में नहीं।

सर्वाधिक त्रासद तथ्य यह है कि जो व्यक्ति भीतर तक धर्म-निरपेक्ष है, साम्प्रदायिक उन्माद, भेदभाव, यातना तथा दमन के चलते वह किस प्रकार शनैः-शनैः साम्प्रदायिक होता जाता है। तस्लीमा ने अपने ढंग से इस त्रासद तथ्य को उजागर किया है और विभूतिनारायण राय ने अपने ढंग से। उनके उपन्यास 'शहर में कर्फ्यू' के मुसलमान पात्र भारत की अपनी जमीन में ही रचे-बसे हैं। अति का दमन किस प्रकार प्रतिक्रिया उत्पन्न करता है और अन्ततः वे साम्प्रदायिक सोच के शिकार बनते हैं।

विभूति नारायण राय की अपनी सोच उनके उपन्यासों में बहुत स्पष्ट होकर सामने आयी है।

(ख) नई धारा के उपन्यासकार

जैनेन्द्र-अज्ञेय और इलाचन्द्र जोशी की त्रयी : प्रेमचन्द और उनके समकालीनों की दृष्टि मूलतः समाजोन्मुख रही। फलतः उन्होंने महत्त्वपूर्ण सामाजिक समस्याओं को अपनी कृतियों में उठाया और उनका चित्रण किया। कुछ उपन्यासकार इतिहास की ओर भी गये। किन्तु प्रेमचन्द के समय में ही रचना की शुरुआत करने वाले जैनेन्द्र, इलाचन्द्र जोशी और अर्ज्ञय ने प्रेमचन्द की लीक से हटकर व्यक्ति-केन्द्रित रचना की एक नयी परम्परा का प्रारम्भ किया। व्यक्ति-चरित्रों को प्रमुखता देना तथा उनके चरित्र की भीतरी पर्तों को मनोवैज्ञानिक अन्तर्दृष्टि के साथ उजागर करना इन रचनाकारों का लक्ष्य रहा, समाज के बाहरी सरोकार—वे कितने भी महत्त्वपूर्ण क्यों न हों, उनकी रचना के केन्द्र में नहीं आ सके। यही कारण है कि उक्त तीनों उपन्यासकारों की गणना ऐसे उपन्यासों के रचनाकार के रूप में होती है, जिन्हें मनोविश्लेषणवादी उपन्यास कह सकते हैं। हम सम्प्रति जिस समस्या से—हिन्दू-मुस्लिम सम्बन्धों की समस्या से मुखातिब हैं, वह या दीगर सामाजिक समस्याएँ उनकी रचना में, उनके अपने विशिष्ट रचनागत सरोकार के चलते आ ही नहीं पायी हैं। उपन्यास जैनेन्द्र ने संख्या में दस के लगभग लिखे, प्रसिद्ध हुए; अज्ञेय महज तीन उपन्यास लिखे और तीनों ने अपने-अपने ढंग से हिन्दी में अलग कीर्तिमान स्थापित किये, इलाचन्द्र ने भी अनेक उपन्यासों की रचना की है, किन्तु जैसा हम कह चुके हैं, उनके अन्तर्गत हिन्दू-मुस्लिम सम्बन्ध या हिन्दू-मुस्लिम साम्प्रदायिकता जैसी समस्या का समावेश ही नहीं हो पाया। उन उपन्यासकारों की अपनी रुचि और रुझान भी विशिष्ट रही, तथा इनकी रचनागत मानसिकता तथा दृष्टि या दृष्टिकोण का सवाल है, यह भी साम्प्रदायिक मनोभावना जैसी प्रवृत्ति से अलग है। अतएव आवश्यक विस्तार न करते हुए हमने ऐसे कुछ उपन्यासकारों की ही चर्चा की है, जो प्रेमचन्द परिवर्ती हैं, ख्यातिलब्ध उपन्यासकार हैं और सामाजिक यथार्थ के व्यापक परिदृश्य को अपनी रचनाओं में प्रस्तुत करते हुए जिन्होंने हिन्दू मुसलमान सम्बन्धों को भी अपनी दृष्टि के दायरे में पसंगतः लिया है।

(ग) विशिष्ट उपन्यासकार

उपेन्द्रनाथ 'अश्क' : अश्क को यद्यपि व्यक्तिवादी उपन्यासकार कहा गया है; किन्तु अश्क वस्तुतः निम्न मध्य-वर्गीय जीवन को तथा निम्न मध्यवर्गीय चरित्रों के जीवनगत यथार्थ के सशक्त चितेरे हैं। उनके उपन्यासों की संख्या एक दर्जन के लगभग है, जिनमें निम्न मध्यवर्गीय जीवन तथा चरित्र की बारीकियों को उनके अंतर्विरोधों के साथ बड़े यथार्थ ढंग से, अंतर्दृष्टि सम्यक रूप में उजागर किया गया है। चेतन उनका निम्नमध्यवर्ग का एक टाइप पात्र है, जो उनके अनेक उपन्यासों में नायक है। पंजाब के निवासी होने के नाते, हिन्दू-मुस्लिम साझा संस्कृति अश्क की मानसिकता में रची-बसी है। उसे अपने अनुभवों ने उन्हें सेक्यूलर दृष्टिकोण प्रदान किया है। उनकी कहानियों में तो अनेकशः मुसलमान पात्र आये हैं, हिन्दू-मुसलमानों के अन्योन्याश्रित सामाजिक सम्बन्धों का चित्रण है तथा पूर्वाग्रह रहित दृष्टि है, किन्तु उपन्यासों में उनका 'पत्थर-अल-पत्थर' उपन्यास है, जिसमें उन्होंने हसनदीन को उपन्यास के नायक के रूप में चित्रित किया है। हसनदीन का चरित्र वस्तुतः प्रेमचन्द के होरी जैसे चरित्रों की परम्परा में आता है। हसनदीन कश्मीर में घोड़वाह है—साधारण निम्नवर्गीय जीवन जीने वाला, प्रकृति से नितान्त धार्मिक; किन्तु उसके जीवन में घोर दरिद्रता है, अभाव है, परेशानियाँ हैं। सैलानी आते हैं, और वे वस्तुतः इन साधारण जनों का शोषण ही करते हैं। अश्क ने इस उपन्यास में धर्म तथा धार्मिक आस्था को बेमानी बताया है। सामाजिक जीवन की कठोरताओं से टकराकर यह आस्था टूट जाती है, किसी काम की नहीं रहती। उल्टे धर्म का यह प्रभाव मनुष्य को नियतिवादी भी बनाता है। हसनदीन के जीवन की विडम्बना किसी भी व्यक्ति के जीवन की विडम्बना हो सकती है—हिन्दू या मुसलमान। अश्क इस उपन्यास में मनुष्य के अपने संघर्ष, जीवट तथा कोशिशों को प्राथमिकता देते हैं तथा धार्मिक परिबलों को निष्प्रभावी बनाते हैं। बड़े यथार्थ रूप में और बड़ी गहरी मानवीय संवेदना के साथ अश्क ने हसनदीन के चरित्र तथा उसके जीवन की त्रासदी का अंकन किया है। 'डाची' कहानी इसी परम्परा की कहानी है, जिसका नायक भी मुसलमान है। वस्तुतः अश्क ने हिन्दू या मुलसमान जानकर इन पात्रों की अवतारणा नहीं की है। ये हमारे सामाजिक जीवन के अंग हैं और इस सामाजिक जीवन के अश्क के अपने अनुभवों के चलते वस्तुतः मनुष्य के रूप में उनकी कहानियों और उपन्यासों में आये हैं। अश्क के यहाँ किसी प्रकार का पूर्वाग्रह नहीं है। वे मानव जीवन के कथाकार हैं, जिसमें हिन्दू-मुसलमान सभी का जीवन शामिल हैं। और कोई उपन्यासों तथा कहानियों की भी सीमाएँ हों, हिन्दू मुस्लिम सम्बन्धों के बड़े यथार्थ चित्र उनकी कहानियों तथा उपन्यासों में हैं और हिन्दू-मुस्लिम साम्प्रदायिकता जैसी मनोवृत्ति से अश्क की रचनाधर्मिता का कहीं कोई सम्बन्ध नहीं है।

8
समग्र निष्कर्ष

'साम्प्रदायिकता और हिन्दी उपन्यास' शीर्षक से स्वीकृत वृहद् शोध-परियोजना के तहत अध्ययन का मुख्य सरोकार यह दिखाना और जानना था कि वर्तमान युग में जिसे साम्प्रदायिकता या साम्प्रदायिक मनोभावना के रूप में जाना-पहचाना जाता है; और जो समकालीन भारतीय सामाजिक जीवन की, अपनी परम्परागत मूल्य-चेतना के लिए ही नहीं, भारत की चली आ रही सामासिक संस्कृति के लिए भी, जहाँ तक कि एक राष्ट्र के अपने अस्तित्व के लिए एक भीषण चुनौती के रूप में विद्यमान है, जिससे देश की शसन-सत्ता के अलावा परम्परागत सामासिक संस्कृति पर निष्ठा रखने वाला हर भारतीय नागरिक अपने-अपने ढंग से भी, और एक संश्लिष्ट सुविचारित समझ के तहत भी टकरा रहा है; और निपट रहा है, उसका स्वरूप साहित्य में क्या और कैसा है?

यदि साहित्य, जैसा कि शुक्लजी ने कहा है, जनता या शिक्षित जनता की संचित मनोवृत्तियों का प्रतिफल या प्रतिबिम्ब होता है, जैसा कि वह है; या जैसा कि शुक्लजी के पहले बालकृष्ण ने कहा था, साहित्य जन-समूह के हृदय का विकास है, तो निश्चय ही समाज में जो कुछ घट रहा है, अपने ढंग से साहित्य में उसकी कलात्मक प्रस्तुति या कलात्मक प्रतिबिम्बन होना चाहिए। साहित्य और सामाजिक जीवन या साहित्य और समाज का रिश्ता, हम जानते हैं कि सरल या यान्त्रिक नहीं हुआ करता। यह रिश्ता द्वन्द्वात्मक होता है, जिसमें साहित्य और समाज एक-दूसरे से प्रभावित होते हैं या एक-दूसरे को प्रभावित करते भी हैं; दूसरे यह सब यन्त्रवत नहीं होता, आगे-पीछे होता है; और सतह पर दिखाई पड़ने वाली वास्तविकता के प्रतिबिम्बन के रूप में नहीं होता, उस वास्तविकता के रचनात्मक मानस में होने वाले विवेक-पुष्ट, तर्क-सम्मत कलात्मक रूपान्तरण के तहत होता है। फिर भी, यदि सामाजिक जीवन में कुछ महत्त्वपूर्ण विद्यमान है, गतिशील और सक्रिय है, तो उसकी सारभूत सचाई को रचनात्मक अभिव्यक्ति का अंग बनना चाहिए। मसलन, यदि साम्प्रदायिकता वस्तुतः हमारे आधुनिक समाज का एक सत्य है और उसकी जड़ें

स्थायी रूप में हमारी समाजिक मानसिकता में विद्यमान हैं, तो उस साम्प्रदायिकता या साम्प्रदायिक मनोभावना को साहित्यिक रचनशीलता को उकसाना चाहिए; उसे खुराक देनी चाहिए; उसमें प्रतिबिम्बित होना चाहिए; उसे प्रेरित करना चाहिए और बदले में साहित्य को सामाजिक जीवन पर अपना प्रभाव छोड़ते हुए उसमें विद्यमान साम्प्रदायिकता या साम्प्रदायिक मनोभावना को उकसाना चाहिए; प्रेरित करना चाहिए। किन्तु यदि ऐसा नहीं होता, तो यह मानकर चलना होगा कि कितनी ही उदग्र क्यों न हो, कितनी ही उद्वेलक क्यों न हो, सतही स्तर पर कितनी ही मुख्य और महत्त्वपूर्ण क्यों न दिखती हो, वह हमारे देश की जनता या शिक्षित जनता की मनोवृत्तियों का अंग नहीं है; वह महज एक मिथ्या-चेतना है, जिसने भले ही कुछ समय के लिए उनके हृदय को आक्रान्त कर लिया हो, वह ऐसी मनोवृत्ति नहीं है, जो अपने संचित रूप में वास्तविक साहित्यिक सर्जनात्मकता का रूप लेने में समर्थ हो।

वस्तुतः जिसे हम साहित्य कहते हैं, वह भी एक-सा नहीं होता। उसके भी कई रूप होते हैं। शिष्ट साहित्य और लोक साहित्य के रूप में यहाँ हम साहित्य के जाने-माने दो रूपों की बात नहीं कर रहे हैं। हमारा इशारा यहाँ शिष्ट कहे जाने वाले साहित्य के अपने रचनात्मक स्तर को लेकर सामने आने वाले उसके रूपों से है। साहित्य, जिससे सम्प्रति हमारा सरोकार है, मनुष्य की उत्कृष्ट सर्जनात्मक क्षमता को सामने लाता है, जो हमारे लेखन को, हमारी संस्कृति और हमारे आचार-विचारों का होता है और उनका प्रतिबिम्ब भी। एक वह साहित्य होता है, जिसे हम मीडियाकर या घटिया या दोयम दर्जे का साहित्य कहते हैं। यदि कोई सामाजिक प्रवृत्ति, साहित्य में प्रतिबिम्बित नहीं होती, कलात्मक रूपान्तरण नहीं पाती—तो हम उसे अपने सामाजिक जीवन की, अपनी जनता की मनोवृत्तियों की स्थायी प्रवृत्ति नहीं मानेंगे। ऐसी प्रवृति सम्भव है, मीडियाकर या दोयम दर्जे की साहित्यिक रचनाशीलता का अंग बने; फिर भी उसे हम अपने सामाजिक जीवन की स्थायी प्रवृत्ति नहीं मानेंगे।

हम बात को पुनः कहें तो इस परियोजन में हमारा मुख्य मकसद यह देखना था कि साम्प्रदायिकता की जो मनोवृत्ति हमारे वर्तमान सामाजिक जीवन का एक महत्त्वपूर्ण अंग हमें लग रही है, हमारे राष्ट्र के अस्तित्व तथा हमारे अपने राष्ट्रीय अस्तित्व के लिए एक भीषण चुनौती हमें लग रही है, हमारी साहित्यिक सर्जना में उसका रूप क्या और कैसा है; तथा हमारे सर्जक साहित्यकार उससे किस रूप में टकराये हैं या उससे किस रूप में मुखातिब हुए हैं।

इस हेतु हिन्दी की साहित्यिक सर्जना के आदिकाल से लेकर वर्तमान काल तक फैले विस्तृत फलक को नापने और तय करने के बजाय हमने अपने को हिन्दी की आधुनिक कालीन साहित्यिक सर्जनशीलता की पड़ताल तक सीमित रखा, इस प्रयोजन से कि सम्भव है, सीमित फलक पर चीजें साफ-साफ नजर आयें। इस सीमित

फलक को हमने—अध्ययन को मात्र उपन्यासों तक केन्द्रित करके और भी सीमित किया, ताकि हमारा पर्यवेक्षण-निरीक्षण और भी पैना और तलस्पर्शी बन सके।

उपन्यास आधुनिक युग के साथ उपजी साहित्यिक विधा है। आधुनिक युग और उपन्यास, गद्य और गद्य-भाषा के आविर्भाव और उद्भव के साथ लगभग समानान्तर जन्मे हैं। हिन्दी में उपन्यास गद्य और गद्य-भाषा को ही नहीं खड़ी बोली को माध्यम बनाकर सामने आया है, उस खड़ी बोली को, जिसे हम औद्योगिक युग, आधुनिक युग, पूँजीवाद के उद्भव के युग की जटिल, उलझी हुई, संश्लिष्ट वास्तविकताओं से सीधा मुठभेड़ करने वाली भाषा कहते हैं। आचार्य शुक्ल ने भी अपने इतिहास में हिन्दी साहित्य के आधुनिक काल के साहित्य को गद्य-काल या गद्य-काल का साहित्य कहा है।

इसके अलावा उपन्यास के लिए पश्चिम में जो यह कहा गया कि वह आधुनिक काल का महाकाव्य है, तो पश्चिम के सन्दर्भ में खरी उतरने वाली यह उक्ति हिन्दी के आधुनिक काल के साहित्य के बारे में भी खरी उतरती है। उपन्यास हमारे यहाँ भी आधुनिक युग का महाकाव्य ही है। जिस प्रकार सामन्ती युग ने अपने जो महाकाव्यों में प्रतिबिम्बित किया है, उसी प्रकार आधुनिक युग ने अपने को उपन्यासों में प्रतिबिम्बित किया है। सामाजिक जीवन की, मानव जीवन की, मानव-स्वभाव की जिस समग्रता की अभिव्यक्ति कभी महाकाव्यों में हुआ करती थी, आधुनिक जीवन की जटिल और अंतर्ग्रथित समग्रता की अभिव्यक्ति उसी प्रकार आज उपन्यासों में हो रही है या उपन्यास उसे अभिव्यक्ति देने में समर्थ है। प्रासंगिक रूप से हमने अपने मुख्य अध्ययन में कहानियों को भी शामिल किया है; किन्तु मूलतः हमारा यह अध्ययन उपन्यास-केन्द्रित ही है, जैसा कि पिछले पृष्ठों में विदित होगा।

किन्तु पूर्वपीठिका या विषय-प्रवेश के रूप में हमने संक्षेप में आधुनिक काल से पहले इतिहास के प्राचीन तथा मध्ययुग पर भी हल्का दृष्टिपात किया है, इतिहास के साक्ष्य पर यह जानने के लिए कि साम्प्रदायिकता या साम्प्रदायिक मनोभावना की, हमारे प्राचीन तथा मध्ययुगीन इतिहास में, विशेषकर मध्ययुगीन इतिहास में क्या स्थिति रही है। मध्ययुग से ही भारत में इस्लाम का प्रवेश होता है और पहले सुल्तानों के, फिर मुगलों के शासन का प्रारम्भ होता है। अनेक मध्ययुग के विशेषज्ञ इतिहासकारों के साक्ष्य पर विचार करते हुए हमने पाया कि सुल्तानों के शासन में और फिर मुगलों के शासन में हिन्दू-मुस्लिम सम्बन्धों का रूप बहुत समरस तो नहीं रहा, मुसलमान शासकों ने हिन्दू-प्रजा के साथ वही व्यवहार किया, जो विजेता विजितों के साथ करते हैं; किन्तु सल्तनत युग के कुछ अपवादों को और मुगल काल के कुछ अपवादों को छोड़ दिया जाय, जिनके अन्तर्गत हिन्दू प्रजा की धार्मिक भावनाओं को ठेस पहुँचाई गयी और उसके साथ भेदभाव बरता गया, सामान्यतः

सल्तनत युग में भी और मुगल शासन में भी सुल्तानों और शहंशाहों ने अपने हित में हिन्दुओं को साथ लेकर चलना चाहा, हिन्दुओं के धार्मिक और व्यक्तिगत मामलों में दखलंदाजी नहीं की गयी, उनके साथ बराबरी का न्याय किया गया। इसी का परिणाम है कि सल्तनत युग में और मुगल शासन में जहाँ तक हिन्दू-मुस्लिम सम्बन्धों का प्रश्न है, साधारण हिन्दू-मुसलमानों में एक-दूसरे के निकट आने और एक-दूसरे को जानने-समझने की प्रवृत्ति ही दिखाई पड़ती है, तनाव तथा संघर्ष यदि हुए तो अभिजात वर्ग के हिन्दुओं और मुसलमानों में; और वह भी राजनीतिक सत्ता पाने के लिए। साधारण हिन्दू-मुसलमान इन संघर्षों में कभी धर्म के नाम पर, कभी और किसी बहाने घसीटे तो गये, किन्तु उनमें अलगाव की प्रवृत्ति अस्थायी रही; एक-दूसरे को जानने-समझने और एक-दूसरे के निकट आने की भावना ही बलवती रही।

जहाँ तक साम्प्रदायिक दंगों का सवाल है, पूरे मध्ययुग में वे हुए ही नहीं, महज एकाध अपवादों के--मसलन अहमदाबाद का दंगा, या इब्नबतूता के साक्ष्य पर दक्षिण में मंगलौर में हुआ दंगा। मध्ययुग में साम्प्रदायिक दंगों का न होना, इस बात का प्रमाण है कि जिसे हम आधुनिक अर्थों में साम्प्रदायिकता या साम्प्रदायिक मनोभावना कहते हैं, वह इस रूप में मध्यकाल में नहीं थी। जैसा कि हम कह चुके हैं हमने यह निष्कर्ष मध्यकाल के विशेषज्ञ इतिहाकारों और धुर्ये जैसे समाजशास्त्रियों की किताबों के आधार पर निकाला है। सच पूछा जाये तो पूरे मध्ययुग में हिन्दू-मुसलमान संघर्षों की तुलना में प्राचीन युग में भारतीय मूल के ही शैव, शाक्त, वैष्णव, बौद्ध तथा अहिन्दू प्रजा के साथ भेदभाव भी किया गया है। अतएव, मध्ययुग में हिन्दू-मुस्लिम सम्बन्धों का बहुत आदर्शीकृत, समरस रूप न होते हुए भी कम-से-कम साम्प्रदायिकता या साम्प्रदायिक मनोभावना तो नहीं ही थी। आज की नखदन्तवाली साम्प्रदायिकता और न ही आज की तरह के अमानवीय साम्प्रदायिक दंगों की अविच्छिन्न परम्परा थी।

इसी पूर्वपीठिका या विषय-प्रवेश के अंतर्गत हमने मध्ययुग तथा प्राचीन युग में हिन्दू-मुस्लिम सम्बन्धों तथा विविध भारतीय धर्ममतों के अनुयायियों के आपसी सम्बन्धों का अध्ययन करते हुए यह जानने का प्रयास भी किया है कि आदि काल तथा मध्यकाल के हिन्दी साहित्य में, विशेषतः सर्जनात्मक साहित्य में उक्त सम्बन्धों का प्रतिबिम्बन किस प्रकार हुआ है। वह इतिहास की अनुरूपता में है अथवा उससे भिन्न साहित्यिक सर्जना में स्थिति कुछ दूसरी है। इसे इतिहास का संयोग कहना चाहिए कि हिन्दी की आदिकालीन और मध्यकालीन सर्जना का समय देश में मुसलमान हमलावरों के पहले आक्रमणकारियों के रूप में और बाद के शासन स्थापित करने वाले शासकों का समय है।

इस अध्ययन में, जिसमें आदिकालीन अपभ्रंश रचनाएँ, सिद्ध-नाथ साहित्य,

वीरगाथाएँ एवं विद्यापति-अमीर खुसरो जैसे फुटकल खाते के महत्त्वपूर्ण रचनाकारों का अध्ययन शामिल है, इसके उपरान्त हिन्दी की निर्गुण काव्य-धारा, प्रेमाख्यानों की परम्परा, कृष्णभक्ति की कविता तथा राम भक्ति की कविता का अध्ययन शामिल है। और अन्त में रीतिकालीन दरबारी रचनाशीलता के अलावा दरबारों के बाहर की रचनाशीलता का अध्ययन भी शामिल है, हम इस निष्कर्ष पर पहुँचे हैं कि राजनीतिक स्तर पर हिन्दू-मुसलमानों के सत्ता-संघर्ष के बावजूद, राजनीतिक स्तर पर देश के मुसलमान शासन के अन्तर्गत आने के बावजूद, जैसा कि इतिहासकारों का कहना है कि साधारण हिन्दू-मुसलमान जनता एक-दूसरे के निकट आने का प्रयास करती रही है, संघर्ष राजनीतिक सत्ता के लिए हुआ है, इस काल का साहित्य भी इस बात का साक्ष्य देता है कि उसके अंतर्गत धार्मिक विद्वेष की न ही प्रेरणा है और न ही उसका चित्रण हुआ है। आदिकालीन अपभ्रंश साहित्य जैन धर्म पर आधारित है, वीरगाथाएँ सामन्तों के युद्ध और प्रेम की गाथाएँ हैं—अप्रमाणिक या अर्ध-प्रामाणिक, जिनमें युद्ध हिन्दू-मुसलमान सामन्तों के बीच भी हुए हैं, और हिन्दू-हिन्दू सामन्तों के बीच भी। सिद्धों का साहित्य मुसलमानों या इस्लाम के प्रति नहीं, चली आ रही ब्राह्मणवादी सभ्यता एवं संस्कृति तथा चली आ रही ब्राह्मणवादी सामाजिक संरचना के प्रति विरोध और विद्रोह का साहित्य है। यही परम्परा नाथों में भी दिखाई पड़ती है; वरन् नाथ एक ऐसी साधना पद्धति या उपासना-पद्धति का मॉडल पेश करते हैं, जो हिन्दू-मुसलमान दोनों को स्वीकार्य हो। वर्गगत, वर्णगत, धर्म और सम्प्रदायगत भेदभाव से परे एक ऐसी साधना जिसमें दोनों की समान शिरकत हो। यही नहीं, धर्म के आधार पर मनुष्य को हिन्दू-मुसलमानों में बाँटने का विरोध भी ये नाथ करते हैं।

इसके उपरान्त आता है भक्ति की रचनाओं का काल, जिसके सगुण-निर्गुण दो पहलू उद्घाटित होते हैं; पहले निर्गुण, तदुपरान्त सगुण।

भक्तियुगीन रचनाओं के साक्ष्य पर भक्तिकाल और भक्तिपरक रचनाओं को मुसलमानों के आक्रमण तथा सत्ता-प्राप्ति से उत्पन्न हिन्दुओं की निराशा एवं हताश प्रतिक्रिया की उपज माने जाने का हमने खण्डन किया है। हमने यह भी रेखांकित किया है कि आचार्य शुक्ल, जिनका कि उपर्युक्त मत है, भक्तियुगीन रचनाओं और रचनाकारों के अपने विवेचन में अपनी इस मनोभूमि से चालित नहीं हुए। उल्टे उन्होंने एकाधिक स्थानों में अपनी इस मान्यता को प्रस्तुत किया है, कि पण्डितों और मौलवियों की बात अलग, जहाँ तक साधारण हिन्दू-मुसलमान जनता का प्रश्न है, वह राम-रहीम की एकता पहचानने लगी थी और एक-दूसरे के निकट आने का प्रयास कर रही थी।

भक्तिकाल के कबीर, जायसी, सूर, तुलसी, रसखान, मीरा, रहीम आदि आदि

रचनाकारों की रचनाशीलता के साक्ष्य पर हमने देखा कि इन रचनाकारों में से किसी के यहाँ, तुलसी के यहाँ भी, धार्मिक विद्वेष नहीं है और न ही मुसलमानों को धिक्कारा या फटकारा गया है और न ही इस्लाम की निन्दा की गयी है। ये सारे रचनाकार अपने अलग-अलग तेवरों में प्रधानतः मानवतावादी रचनाकार हैं, संवेदनशील भक्त हैं, परदुखकातर हैं तथा मनुष्य का नैतिक-आध्यात्मिक उत्थान चाहते हैं। इनकी धिक्कार या फटकार अधर्म या अन्याय के प्रति है, छद्म और पाखंड के प्रति है, लाभ-लोभ, अनाचार और अत्याचार के प्रति है। शुद्ध-सात्त्विक अन्तकरण से निष्काम भक्ति करने पर इनका बल है। ये प्रेम के पुजारी हैं—घृणा, ईर्ष्या, द्वेष जैसी वृत्तियों का इनके यहाँ स्थान नहीं। इनके सामाजिक आदर्श तथा इनकी सामाजिक सोच भिन्न है; किन्तु भक्ति के स्तर पर, अध्यात्म के स्तर पर ये एक हैं।

हिन्दी की भक्तिकालीन रचनाशीलता वह रचनाशीलता है, जिसे विकसित करने में सवर्ण, असवर्ण, हिन्दू-मुसलमान भक्तों की समान शिरकत है। अतएव, भक्तिकालीन रचनाशीलता—निर्गुण तथा सगुण, धार्मिक-साम्प्रदायिक विद्वेष से कतई परे रचनाशीलता है। यह सही है कि आज कुछ साम्प्रदायिक तत्त्व उसे अपनी शुद्र साम्प्रदायिक मनोभावना के तहत अपने हित में भुनाना चाहते हैं, भुना रहे हैं। जरूरत इन भक्त कवियों की रचनाशीलता को उसके वास्तविक प्रतिपाद्य तथा सारतत्त्व के साथ सामने लाने की है; ताकि उनके सन्देशों को विकृत और विरूप होने से बचाया जा सके। जिस तुलसी ने अपने जीवन काल में बाबरी मस्जिद का कहीं कोई विरोध नहीं किया, जिसने स्वयं अपने आराम से पैर पसारकर मस्जिद में सोने की बात की, उसी तुलसी और उनकी रचना तथा उनके आराध्य राम का नाम लेकर साम्प्रदायिक विद्वेष का जो वातावरण आज तैयार किया जा रहा है, जो साम्प्रदायिक विनाशलीला हो चुकी है, उसके हम द्रष्टा और भोक्ता दोनों हैं। जरूरत इन साम्प्रदायिक उन्मादियों की हिंसक और विच्छेदक मनोवृत्ति का सशक्त प्रतिवाद करने की, उसे अप्रभावी बनाने की है।

मध्यकाल की रचनाशीलता के इस अध्ययन में हमने रीतिकालीन रचनाशीलता का भी अध्ययन किया है, जिसका मुख्य प्रतिपाद्य, शृंगार तथा नायिका-भेद रहा है, पांडित्य प्रदर्शन रहा है, जो अधिकतर दरबारी रचनाशीलता है। भूषण जैसे अपवादों को छोड़कर, जिनमें प्रबल हिन्दू जातीयता के स्वर तो सुनाई ही पड़ते हैं, साम्प्रदायिक मनोभावना की गन्ध भी है, अधिकांश रीतिकालीन सर्जना हिन्दू-मुसलमान धर्मों से या उनके नाते उपजे तनावों से कोई सम्बन्ध नहीं रखती। वह सेक्यूलर रचनाशीलता है। सेक्यूलर इस अर्थ में कि शृंगार से बड़ा सेक्यूलर मनोभाव और क्या हो सकता है। अधिकांश रीतिकालीन रचनाकार या तो मुसलमान अमीरों, बादशाहों के आश्रय

में रहे हैं, या उन हिन्दू राजाओं के, जो मुगल साम्राज्य के वेतनभोगी उच्च पदस्थ अधिकारी थे। मस्ती, राग, रंग और रूप की दुनिया में विचरण करने वाले ये अमीर-उमरा, राजे और नवाब इतनी फुर्सत नहीं पा सके कि दीगर विषयों में उलझें। यह अच्छा ही रहा। कम से कम रीतिकालीन रचनाशीलता पर और जो कुछ कहा जाय सो कहा जाय, उस पर साम्प्रदायिकता या साम्प्रदायिक मनोभावना का आरोप तो नहीं लग सकता।

इस पूर्वपीठिका या विषय-प्रवेश के उपरान्त हमने अपने अध्ययन में आधुनिक काल में प्रवेश किया है; उस आधुनिक काल में, जिसकी उपज हमने हिन्दी उपन्यास के रूप में माना और देखा है। किन्तु सीधे हिन्दी उपन्यासों के अध्ययन में प्रवेश करने के पहले, हमने आधुनिक युग और आधुनिक युग की उपन्यासेतर रचनाशीलता पर भी संक्षेप में दृष्टि डाली है। आधुनिक युग पर इस नाते कि आधुनिक युग की शुरुआत भारत में अंग्रेजों के शासन से होती है; कि जिसे हमने साम्प्रदायिकता कहा और माना है, वह मूलतः और मुख्यतः ब्रिटिश भारत की उपज है। जरूरी था आधुनिक युग का यह अध्ययन; ताकि साम्प्रदायिकता के स्रोतों को, उसके आयामों को और उसे सामने लाने के पीछे निहित उद्देश्यों को पहचाना जा सके। साम्प्रदायिकता को उसके सही स्रोत और सन्दर्भ में न पहचानने का नतीजा दिग्भ्रम में ही होगा, इस नाते भी आधुनिक युग का अध्ययन जरूरी समझा गया। यह अध्ययन भी हमने आधुनिक युग के विशेषज्ञ इतिहासकारों के साक्ष्य पर किया है।

हम प्रभा दीक्षित के इस विचार से सहमत हैं कि साम्प्रदायिकता एक विचारधारा है, राजनीतिक विचारधारा है, प्रधानतः औपनिवेशिक भारत में ब्रिटिश कूटनीति ने जिसे अपनी 'फूट डालो और राज्य करो' की कूटनीति के तहत जन्म दिया, उकसाया और पल्लवित किया। यह साम्प्रदायिकता उस राष्ट्रवाद के विरोध में जन्मी, जिसके तहत हमारा स्वाधीनता आन्दोलन चला। धर्मगत और अर्थगत कारण महज आनुषंगिक कारण हैं, जिनका इस्तेमाल अभिजातवर्गीय हिन्दू तथा मुस्लिम नेताओं ने राजनीतिक सत्ता पर अधिकाधिक कब्जा पाने, उसे हथियाने में मोहरों की तरह इस्तेमाल किया। इस स्थापना को ही अपने ढंग से विपिनचन्द्र ने भी स्वीकार किया है। अर्थगत, धर्मगत और संस्कृतिगत पहलू साम्प्रदायिकता को उकसाने के कारण हैं, उसे वे मजबूत करते हैं; पर साम्प्रदायिकता उनकी उत्पत्ति नहीं है। यह बात हमने मध्यकाल के अपने अध्ययन से पुष्ट भी की है।

हमने इस बात का अध्ययन भी किया है कि अंग्रेजों ने भारत में राजनीतिक सत्ता पाने के बाद किस प्रकार अपनी कूटनीति से अपने प्रशासनिक हितों को साधा। कभी उन्होंने हिन्दुओं का पक्ष लेकर मुसलमानों को उकसाया और कभी मुसलमानों का पक्ष लेकर हिन्दुओं को उभाड़ा। 1857 के बाद कुछ समय के लिए मुसलमान

उनकी निगाहों में सन्दिग्ध रहे; किन्तु कालान्तर में फारसी को बढ़ावा देकर उन्होंने मुसलमानों को खुश किया और हिन्दुओं को उसके विरुद्ध उकसाया। अंग्रेजी शिक्षा पाकर जब हिन्दू मुसलमानों की तुलना में अधिक संख्या में शिक्षित होकर सामने आये, धर्म तथा समाज-सुधार आन्दोलनों ने जब हिन्दू समाज में नई जाग्रति का प्रारम्भ किया, मुसलमान समाज अपनी धार्मिक कट्टरता के नाते इस नयी रोशनी से वंचित रहा। बाद में सर सैयद अहमद खाँ जैसे मुस्लिम सुधारकों ने मुसलमान समाज की इस कमी को पहचाना और मुसलमानों को नई रोशनी में आने का आह्वान किया। यह ब्रिटिश कूटनीति का ही परिणाम है कि सर सैयद अहमद खाँ जैसे राष्ट्रवादी फिरकापरस्ती को आश्रय देने लगे तथा मुसलमानों को हिन्दुओं से अलग एक राष्ट्र या कौम घोषित करने लगे। हमारे कहने का तात्पर्य यह कि शिक्षा, नौकरी तथा प्रशासन तीनों आयामों पर अंग्रेजों ने अपनी कूटनीति के तहत हिन्दू-मुसलमानों में लगातार पार्थक्य की भावना पैदा की; और इस प्रकार जो साम्प्रदायिकता कभी पूर्ववर्ती भारत के इतिहास में इस रूप में नहीं थी, आधुनिक भारत की वह मूलभूत समस्या बन गयी, जिसका परिणाम अन्ततः देश-विभाजन के रूप में सामने आया। तदुपरान्त भी वह दीगर कारणों से विकसित होती रही—राष्ट्रीय सरकार बनने तथा आजादी मिलने के उपरान्त उसे पुनः अपने शासकीय तथा राजनीतिक हितों में सत्तारूढ़ दल द्वारा उकसाया गया, पोषित किया गया।

किन्तु हम प्रभा दीक्षित की इस स्थापना से पूरी तरह सहमत नहीं हैं कि मुस्लिम सम्प्रदायवाद ने ही हिन्दू सम्प्रदायवाद को जन्म दिया है, या कि हिन्दू साम्प्रदायिकता मुस्लिम साम्प्रदायिकता की प्रतिक्रिया में जन्मी और विकसित हुई है। इस बिन्दु पर हम दामोदरन के मत से सहमत हैं कि हिन्दू पुनरुत्थानवाद के संस्कार आधुनिक भारतीय नवजागरण तथा मुक्ति आन्दोलन के नेताओं में विद्यमान थे, जिनके कारणों की चर्चा हम कर चुके हैं। नवजागरण के कुछ नेताओं ने हिन्दू सांस्कृतिक पुनरुत्थानवाद को प्रश्रय दिया और कांग्रेस के प्रारम्भिक नेताओं में भी कहीं हिन्दू पुनरुत्थानवाद की भावना थी, जो आगे भी विद्यमान रही। नवजागरण तथा स्वतन्त्रता आन्दोलन के ऐसे विचारकों तथा नेताओं के वक्तव्यों और क्रिया-कलापों ने हिन्दू-मुसलमानों के बीच के उस एके को तोड़ा, जो सन् 1857 ई. के दौरान दिखाई पड़ा था और जो किसी न किसी रूप में स्वतन्त्रता आन्दोलन में भी विद्यमान था। मुस्लिम राष्ट्रीय नेताओं ने ऐसे पुनरुत्थानवादी विचारकों और नेताओं के वक्तव्यों तथा क्रिया-कलापों से प्रतिक्रिया स्वरूप राष्ट्रीयता की विचारधारा छोड़ साम्प्रदायिक विचारधारा अपनाने की प्रेरणा पाई और उसी का उदाहरण सर सैय्यद अहमद खाँ तथा मुहम्मद अली जिन्ना जैसे राष्ट्रवादियों का हिन्दुओं के खिलाफ, मुस्लिम परस्त बन जाना है। बहरहाल यह बहुत जटिल प्रसंग है; किन्तु उस पर हमने अपनी शोध

को यथासम्भव आधुनिक भारत के राजनीतिक तथा सामाजिक इतिहास से जुड़े विशेष इतिहासकारों के साक्ष्य पर पेश किया है।

इसके साथ हमने उपन्यासों का अध्ययन करने के पहले आधुनिक हिन्दी साहित्य की अन्य विधाओं की सर्जना पर भी दृष्टिपात किया है और यह देखने का प्रयास किया है कि उस सर्जना में साम्प्रदायिकता या साम्प्रदायिक मनोवृत्ति का—वह मुस्लिम साम्प्रदायिकता हो या हिन्दू साम्प्रदायिकता, स्वरूप क्या और कैसा है?

इस क्रम में हमने भारतेंदु युग से लेकर अब तक की कविता, कहानी, निबन्ध, नाटक, समीक्षा आदि विधाओं का अध्ययन किया तथा हम इस निष्कर्ष पर पहुँचे हैं कि भारतेन्दु युग में भारतेन्दु और उनके मण्डल के लेखकों में नवजागरण के प्रभाववश हिन्दू जातीयता तथा हिन्दू पुनरुत्थानवाद के संस्कार हैं; किन्तु ये लेखक भी साधारणतः साम्प्रदायिक मनोवृत्ति के लेखक नहीं हैं। भारतेन्दु बाबू तो आगे चलकर हिन्दू-मुस्लिम एकता की बात करते हैं, कुरान शरीफ का हिन्दी में अनुवाद करते हैं तथा हजरत मुहम्मद को महात्मा के रूप में संबोधित करते हुए उन पर लेख लिखते हैं। द्विवेदी युग तक राष्ट्रीय आन्दोलन काफी विकसित होता है और मैथिलीशरण गुप्त तथा उस युग के अन्य लेखक हिन्दू जातीयता के संस्कारों को अपने लेखन में प्रतिबिम्बित करते हुए मुख्यतः राष्ट्रीय स्वरों को ध्वनित करते हैं, राष्ट्रीय लक्ष्यों के प्रति समर्पित होते हैं, आजादी की लड़ाई से जुड़ते हैं और हिन्दू-मुस्लिम एकता की, सर्वधर्म समभाव की बात करते हैं। छायावाद युगीन रचनाशीलता मूलतः सार्वदेशिक, सार्वजनीन संवेदनाओं की, मानवतावादी सर्जना है। यह विश्व मानवता को सम्बोधित है, सामन्ती संस्कारों तथा धार्मिक रूढ़िवाद के खिलाफ है। प्रसाद तथा निराला में यदा-कदा हिन्दू या आर्य संस्कृति के पुनरुत्थान के हलके स्वर सुन पड़ते हैं, किन्तु बुनियादी तौर पर वे कृती रचनाकार क्षुद्र और संकीर्ण मानसिकता से परे, बड़ी प्रशस्त संवेदनाओं के रचनाकार हैं। इन्हें किसी भी अर्थ में साम्प्रदायिक नहीं माना जा सकता। यह बात प्रसाद के नाटककार रूप पर भी, उनके नाटकों के संदर्भ में भी सत्य है।

राष्ट्रीय धारा के माखनलाल चतुर्वेदी, दिनकर जैसे कवियों के साथ भी यही है कि वे राष्ट्रीय लक्ष्यों के प्रति समर्पित कवि हैं।

प्रगतिशील आन्दोलन के आविर्भाव के साथ देश में नये साहित्यादर्शों, नए जीवनादर्शों की अभिव्यक्ति के साथ हर भाषा के साहित्य में नये युग का पदार्पण होता है। अपनी विरासत के प्राणवान अंशों को समेटते हुए प्रगतिशील साहित्य मार्क्सवाद-समाजवाद से भी प्रेरणा तथा ऊर्जा प्राप्त करता है। समूची प्रगतिशील रचना साधारणजन को समर्पित रचनाशीलता है, राष्ट्र के समाजवादी, समतावादी भविष्य को समर्पित रचनाशीलता है। इस प्रगतिशील रचनाशीलता में हर प्रकार के

धार्मिक कट्टरतावाद, रूढ़ियों, सामाजिक अन्याय, सामाजिक विषमता और विसंगतियों की कठोर आलोचना है तथा साधारण जनता के हित में, सामाजिक यथार्थ से पुष्ट साहित्य रचने की प्रेरणा है। साम्प्रदायिकता तथा साम्प्रदायिक मनोभावना से प्रगतिशील रचना सीधी टक्कर लेती है तथा उसके खिलाफ मनुष्य और मनुष्य के बीच भाईचारे का शंखनाद करती है।

प्रगतिशील रचनाशीलता के उपरान्त प्रयोगवादी, नई कवितावादी, साठोत्तरी रचनाशीलता का जायजा लेते हुए हमने देखा कि उत्तरशती की कविता हो या कहानी, नाटक हो या निबन्ध, यहाँ तक कि एकदम समकालीन रचना तक में किसी भी स्तर और किसी भी कोण पर साम्प्रदायिकता जैसी शुद्र मानसिकता की अभिव्यक्ति नहीं हुई है। इस रचनाशीलता के अपने दूसरे दिग्भ्रम हो सकते हैं, अहेतुक अवांछित अभिमान हो सकते हैं, साहित्यिक स्तर की कमियाँ या खूबियाँ हो सकती हैं; किन्तु वह कदापि साम्प्रदायिक मनोवृत्ति का परिचय नहीं देती। वह भी सेक्यूलर रचनाशीलता है।

अतएव, समग्रतः आधुनिक हिन्दी साहित्य की समूची सर्जना में किसी भी काल में साम्प्रदायिकता जैसी क्षुद्र मनोवृत्ति का परिचय नहीं दिया गया है। आधुनिक काल का एक भी उल्लेखनीय, महत्त्वपूर्ण रचनकार नहीं है, जिसकी रचनाओं में हिन्दू या मुस्लिम साम्प्रदायिक मनोवृत्ति की अभिव्यक्ति हुर्द हो या उसका विचार किया गया हो। सामाजिक जीवन में सतह पर भले ही साम्प्रदायिकता अपने विनाशकारी नख-दन्त लिए विद्यमान हो, भयानक विनाशलीलाएँ कर रही हो, साहित्यिक रचनाशीलता में उससे जूझा और टकराया गया है, उसकी चुनौती को स्वीकार किया गया है, उसके खिलाफ खड़ा किया गया है। एकदम युवा रचनाशीलता में भी उसके खिलाफ इसी जनधर्मी साहित्य के दर्शन होते हैं।

आधुनिक कालीन रचनाशीलता के इस जायजे और निष्कर्ष के उपरान्त हमने अपनी मुख्य अध्ययन भूमि में प्रवेश किया है और हिन्दी उपन्यासों का विस्तृत अध्ययन करते हुए उसमें प्रारम्भ से लेकर उसके अद्यावधि विकास तक यह जानने और परखने का प्रयास किया है कि आखिर हिन्दी के उपन्यासों का हिन्दू या मुस्लिम साम्प्रदायिकता से या साम्प्रदायिक मनोभावना से कैसा और क्या रिश्ता है?

साम्प्रदायिकता और हिन्दी उपन्यास

(क) पूर्व प्रेमचन्द युग : साम्प्रदायिक और पूर्ववर्ती भारतीय समाज तथा हिन्दी साहित्य में उसकी स्थिति का जायजा लेने के बाद हमने हिन्दी उपन्यास के क्षेत्र में—अपने अध्ययन के मुख्य क्षेत्र में प्रवेश किया। हिन्दी उपन्यास, आधुनिक काल की अन्य गद्य विधाओं की भाँति आधुनिक युग की देन है। हिन्दी साहित्य का आधुनिक काल भारतेन्दु बाबू हरिश्चन्द्र से प्रारम्भ होता है और आधुनिक काल की हिन्दी रचनाशीलता

भी उन्हीं के समय से सामने आती है। किन्तु जहाँ तक उपन्यास विधा का प्रश्न है, भारतेन्दु युग में कविता, नाटक, निबन्ध आदि के तो स्पष्ट दर्शन होते हैं, उपन्यास विधा में भारतेन्दु कोई महत्त्वपूर्ण पहल नहीं कर पाते। फिर भी, उनके अपने युग में उपन्यासों का प्रादुर्भाव अंग्रेजी तथा बंगला उपन्यासों के अनुवादों की प्रेरणा से हो जाता है। हिन्दी उपन्यास का वास्तविक आरम्भ और युगान्तर प्रेमचन्द के आविर्भाव के साथ होता है। वे हिन्दी उपन्यास के केन्द्रीय व्यक्तित्व हैं। उन्हें केन्द्र में रखकर हिन्दी उपन्यास के विकास पर दृष्टिपात करें, तो उसके पूर्व के उपन्यास साहित्य को पूर्व-प्रेमचन्द उपन्यास साहित्य कहा जा सकता है। पूर्व-प्रेमचन्द उपन्यासों के विस्तृत अध्ययन के उपरान्त हमारे निष्कर्ष निम्नलिखित हैं—

1. इस युग के उपन्यास—सामाजिक उपन्यास—नवजागरण से प्रभावित हैं। उनमें नवजागरण के समय उठाये गये समाज तथा धर्म-सुधार के मुद्दों का समर्थन या विरोध है। इस समाज-सुधार या धर्म-सुधार अभियान का सम्बन्ध हिन्दू समाज तथा हिन्दू धर्म से है, अतएव इन सामाजिक उपन्यासों में या तो लेखकों ने धर्म तथा समाज-सुधार के मुद्दों का समर्थन किया है या विरोध।

2. नवजागरण युग का एक मुख्य मुद्दा पश्चिमी संस्कृति के दुष्प्रभाव से भारतीय संस्कृति को बचाए रखना था। इस मुद्दे पर कुछ उपन्यासकार पश्चिम के सकारात्मक तत्त्वों के पक्ष में हैं और नकारात्मक तत्त्वों के विरोध में। अधिकतर ने पश्चिमी संस्कृति को पूरी तरह नकारा है और भारतीय संस्कृति से लगाव के नाम पर उसके नकारात्मक पक्षों का भी समर्थन किया है।

3. इस युग के उपन्यासों की एक धारा तिलस्मी-जासूसी उपन्यासों की है, जो मनोरंजन तथा कौतूहल प्रधान हैं। नवजागरण के कुछ निशान इनमें भी हैं। मनोरंजन प्रधान होने और किसी प्रकार का सामाजिक संस्कार न सूचित करने के बावजूद हिन्दू जातीयता का स्वर इनमें सुनाई पड़ता है। मुसलमान पात्र यदि इन उपन्यासों में आये हैं, तो उन्हें अच्छी छवि नहीं दी गयी है। देवकीनन्दन खत्री के यहाँ ऐसा हैं। किन्तु बावजूद इसके ये उपन्यास साम्प्रदायिक मनोवृत्ति के पोषक नहीं हैं।

4. कुछ ऐतिहासिक रोमांस भी इस युग में लिखे गये हैं। किशोरीलाल गोस्वामी उनमें प्रमुख हैं। इतिहास के कुछ प्रमुख पात्रों के नाम जरूर हैं; किन्तु उनके चित्रण में इतिहास के तथ्यों की ऐसी-तैसी करते हुए विशुद्ध काल्पनिक आधार पर उनकी छवि प्रायः बिगाड़ी गयी है। उन्हें व्यभिचारी, काम-लोलुप और अत्याचारी बताया गया है। किन्तु लेखक का आशय हिन्दुओं का पक्ष लेकर मुसलमानों या इस्लाम का विरोध नहीं है। ये उपन्यास सामाजिक स्तर पर अधिकतर स्वीकार भी नहीं हुए, लोकप्रिय भी नहीं हुए हैं।

कुछ लोगों ने इस युग में प्रेम की भावुक कहानियाँ लिखी हैं—जगमोहन सिंह

आदि ने, जिनमें समाज की कट्टरता से पीड़ित निश्छल प्रेम को दर्शाया गया है।

समग्रतः पूर्व प्रेमचन्द युग के उपन्यास न तो हिन्दू-मुसलमान सम्बन्धों को अपना विषय बनाते हैं और न ही हिन्दू-मुस्लिम साम्प्रदायिकता को।

(ख) प्रेमचन्द और उनका युग : प्रेमचन्द का आविर्भाव हिन्दी उपन्यास में युगान्तर लाता है। पहली बार उपन्यास गम्भरी रूप में, समाज तथा समाज की समस्याओं से जुड़ता है और पहली बार सही मायने में यह सामाजिक जीवन का प्रतिबिम्ब बनते हुए मानव-चरित्र के अध्ययन के प्रति मुखातिब होता है। प्रेमचन्द के उपन्यासों का ही नहीं, एक सम्पादक के रूप में उनके कार्य तथा एक विचारक के रूप में उनके विचारात्मक निबन्धों का जायजा भी हमने लिया है। प्रेमचन्द की विचारधारा और उनकी सामाजिक सोच पर जो निष्कर्ष हमने दिये हैं, उनका आधार उनके सर्जनात्मक कृतित्व के अलावा, उनके सम्पादकीय तथा विचारात्मक निबन्ध भी हैं। प्रेमचन्द को हमने नए युग में कबीर के समान सेक्यूलरिज्म का मॉडल माना है। हिन्दू जातीयता के आरम्भिक हल्के संस्कारों को वे वहीं झटक कर अलग कर देते हैं और आजीवन हिन्दू-मुसलमान पात्रों को—उनके हिन्दू या मुसलमान होने के सजग अहसास के बिना, सामाजिक जीवन के अंग रूप में चित्रित करते हैं। उनकी कहानियाँ भी उनके उपन्यासों की भाँति सामाजिक जीवन के अनेक महत्त्वपूर्ण मुद्दों को हमारे सामने लाती हैं। प्रेमचन्द अपने उपन्यासों में राष्ट्रीय जीवन तथा स्वाधीनता आन्दोलन के लक्ष्यों से परिचालित हैं। नारी, किसान और अछूत उनकी चिन्ता के केन्द्र में मुख्यता प्राप्त करते हैं। वे राजनीतिक स्वतन्त्रता के हामी ही नहीं, आर्थिक, सामाजिक, धार्मिक तथा सांस्कृतिक स्वतन्त्रता के भी हामी हैं। सामाजिक-आर्थिक विषमता से मनुष्य की मुक्ति उनका प्रधान लक्ष्य है। वे हिन्दू-मुसलमान दोनों के घर-परिवारों की कहानियाँ बड़ी सहजता से कहते हैं तथा उनके धर्म और समाज की रूढ़ियों की आलोचना करते हैं। उनके हिन्दू-मुसलमान पात्र समान रूप से अच्छे और बुरे हैं—वे हिन्दू या मुसलमान होने के नाते अच्छे-बुरे नहीं हैं। साम्प्रदायिकता जैसी मनोभावना के खिलाफ उनका साहित्य साम्प्रदायिक सद्भाव का साहित्य है तथा यही सन्देश वह आगे के उपन्यासकारों को भी देता है। प्रेमचन्द के उपन्यासों के विस्तृत अध्ययन के उपरान्त तथा उनके समय के अन्य उपन्यासकारों के उपन्यासों के विस्तृत अध्ययन के बाद हमारे निष्कर्ष निम्नलिखित हैं—

1. प्रेमचन्द के उपन्यास साम्प्रदायिक समस्या से सीधे न टकराते हुए भी सामाजिक यथार्थ के एक अंग के रूप में उसका चित्रण करते हैं। साम्प्रदायिक जेहनियत का कड़ा विरोध जताते हुए, साम्प्रदायिक सद्भाव ही उनका मुख्य प्रतिपाद्य है।

2. हिन्दू-मुसलमान दोनों के जीवन और घर-परिवारों के बारे में प्रेमचन्द ने लिखा है और बड़ी सहजता से लिखा है। दोनों धर्मों तथा समाजों की रूढ़ियों की

कड़ी आलोचना करते हुए दोनों धर्मों के अच्छे-बुरे पात्र उनके यहाँ हैं।

3. प्रेमचन्द साम्प्रदायिकता को धर्म से नहीं जोड़ते। वे भी उसे राजनीतिक समस्या मानते हैं, जो धर्म और संस्कृति की खाल ओढ़कर साधारण हिन्दू-मुसलमानों को उकसाती और भड़काती है।

4. इतिहास की साम्प्रदायिक समझ का भी प्रेमचन्द विरोध करते हैं; और ऐसे इतिहास लेखन की जरूरत बताते हैं, जो हिन्दू-मुसलमान पूर्वाग्रहों से बचते हुए लिखा जाए।

5. वर्ण, धर्म और सम्प्रदायगत भेदभाव से हटकर प्रेमचन्द की निगाह मनुष्य और मनुष्य के हृदयों को जोड़ने वाले तत्त्वों की ओर विशेष रूप से रही है।

6. प्रेमचन्द-युग के 'उग्र' एक ऐसे लेखक हैं—हिन्दू-मुसलमान सद्भाव पर जिन्होंने मानक रचनाएँ दी हैं—खुदाराम और चन्द हसीनों के खुतूत। ये राष्ट्रीय मनोभूमि के लेखक हैं; साम्प्रदायिक भावना का लेशमात्र भी जिनकी जेहनियत या रचनाशीलता में नहीं है।

7. 'इस्लाम का विषवृक्ष' चतुरसेन शास्त्री की एक रचना है, जो अपने प्रतिपाद्य का खुलासा अपने शीर्षक से ही कर देती है। चतुरसेन ने इतिहास, प्राक् इतिहास, पुराण, बौद्ध काल, आधुनिक काल—सभी को अपने उपन्यासों का विषय बनाया है। वे इतिहास-रस पर विश्वास करने वाले लेखक हैं। किन्तु उनके ऐतिहासिक सामाजिक उपन्यासों के अध्ययन के दौरान ऐसा कुछ नहीं मिलता कि उन पर साम्प्रदायिक मनोवृत्ति के पोषण या प्रचार का आरोप लगाया जा सके। ऐतिहासिक-पौराणिक उपन्यासों में भी वे पुनरुत्थानवादी नहीं प्रतीत होते। उल्टे कुछ नया देने के प्रयास में उन्होंने 'सोमनाथ' उपन्यास में महमूद तथा 'आलमगीर' में औरंगजेब के चरित्र को मानवीय दृष्टि से देखा है। 'धर्मपुत्र' में हिन्दू-मुस्लिम एकता का प्रतिपादन किया है।

8. प्रेमचन्द युग के अन्य उपन्यासकारों के यहाँ भी हिन्दू-मुस्लिम सम्प्रदायवाद का कोई चित्रण नहीं है। प्रसंग आने पर हिन्दू-मुस्लिम सद्भाव का ही चित्रण किया गया है।

(ग) अज्ञेय, जैनेन्द्र और इलाचन्द जोशी : प्रेमचन्द से भिन्न प्रयाण : प्रेमचन्द से भिन्न प्रमाण लेने वाले और समाज के बजाय व्यक्ति के अन्तरंग को मनोवैज्ञानिक दृष्टि से उद्घाटित करने वाले लेखक अपने तईं हिन्दी के विशिष्ट लेखक हैं। इनके उपन्यासों के विस्तृत अध्ययन के उपरान्त हमारे निष्कर्ष ये हैं—

1. हिन्दू-मुस्लिम सम्बन्ध या हिन्दू-मुस्लिम साम्प्रदायिकता इनके लेखकीय या रचनात्मक सरोकारों का अंग नहीं बनी है। किन्तु वैचारिक स्तर पर ये प्रबुद्ध लेखक हैं। राष्ट्रीय प्रेरणा इनके विचारों में अपने ढंग से विद्यमान है। इन्होंने किसी भी स्तर पर साम्प्रदायिक विद्वेष, धार्मिक कठमुल्लापन या साम्प्रदायिकता जैसी मनोवृत्ति का

समर्थन नहीं किया है। इनके विचार अन्य स्तरों पर भले विवादास्पद हों, ये पूर्णतः सेक्यूलर मानसिकता के लेखक हैं।

2. कहानीकार के रूप में अज्ञेय ने 'शरणार्थी' संग्रह की कहानियों में देश-विभाजन का सन्दर्भ लिया है और साम्प्रदायिक-धार्मिक कट्टरता तथा उसके अमानवीय परिणामों की जम कर भर्त्सना की है।

(घ) अन्य लेखक : अमृतलाल नागर, उपेन्द्रनाथ 'अश्क', भगवतीचरण वर्मा आदि : अपने सामाजिक सरोकरों के प्रति सजग ये तथा इनके समाकालीन दूसरे उपन्यास लेखक हिन्दी के प्रतिष्ठित लेखक हैं। हमारे समाज के यथार्थ को, विशेषतः मध्यवर्गीय पात्रों को, केन्द्र में रखकर इन्होंने सफलतापूर्वक चित्रित किया है और ख्याति पायी है। इनके उपन्यासों में हिन्दू-मुस्लिम सम्बन्ध या हिन्दू-मुस्लिम साम्प्रदायिकता का सवाल सीधे कहीं नहीं उठाया गया है, किन्तु प्रकारान्तर से इनकी सर्जना और इनके विचारों का अध्ययन इन्हें साम्प्रदायिकता विरोधी ही सिद्ध करता है। ये मानव-सद्भावना के लेखक हैं; धर्म, वर्ण, सम्प्रदाय की क्षुद्र मानसिकता से इनका सरोकार नहीं है। 'डाची' जैसी कहानी लिखने वाले लेखक में हिन्दू-मुस्लिम साम्प्रदायिकता की मानसिकता कहाँ से खोजी जा सकती है। फिर ठेठ लखनवी नवाबों की नगरी में रहने वाले नागर जी के यहाँ साम्प्रदायिक भावना कहाँ मिलेगी। 'बूँद और समुद्र' में लाला के पीछे चलने वाली उनकी घूँघट वाली ललाइन, लाला के बार-बार यह कहने पर कि दीपक वाले बक्से में वोट देना, ललाइन तमतमा कर कहती हैं कि उसका जिसे मन होगा उसे वोट देगी—ऐसे नागर जी की जेहनीयत पर साम्प्रदायिक मनोभावना की कालिमा कहाँ से आ सकती है। यही बात 'दो बाँके' लिखने वाले भगवतीबाबू के बारे में कही जा सकती है। अन्य बहुत से उल्लेखनीय लेखक हैं, इनके समकालीन जो साम्प्रदायिक मनोभावना से कतई परे हैं; किन्तु जिन्होंने अपने उपन्यासों की विषय-वस्तु सामाजिक जीवन के यथार्थ के अन्य पहलुओं को बनाया है, हिन्दू-मुस्लिम सम्बन्धों या उनसे जुड़ी साम्प्रदायिकता को नहीं।

(ङ) समाजवादी धारा के उपन्यास : समाजवादी धारा के उपन्यासों और उपन्यासकारों के विवेचन-विश्लेषण में हमने मुख्यतः यशपाल और भीष्म साहनी को वरीयता प्रदान की है, कारण इन दोनों लेखकों ने साम्प्रदायिकता के सवाल से ही सीधी आँखें नहीं मिलायीं, उसके अमानवीय और घृणित चेहरे को भी अपने उपन्यासों 'झूठा-सच' और 'तमस' में बेनकाब किया है। अन्य उपन्यासकारों ने अपने उपन्यासों में नगर-जीवन या ग्राम-जीवन के सवालों को उभारा है—सीधे साम्प्रदायिकता या हिन्दू-मुस्लिम सम्बन्धों के सवाल को नहीं। हमारे सामाजिक जीवन के यथार्थ तथा उसकी अंतर्विरोधी मुद्राओं से टकराने वाले ये लेखक समाजवादी आस्था के लेखक हैं, साधारण जन के प्रति प्रतिबद्ध लेखक हैं तथा उदात्त मानवीय संवेदनाओं तथा

मानवीय संवेदनाओं को सामने लाने वाले लेखक हैं। ये सेक्यूलर मानसिकता के लेखक हैं। साम्प्रदायिकता जैसी क्षुद्र मानसिकता से इनका कोई भी नाता-रिश्ता नहीं है। 'झूठा-सच' और 'तमस' के विश्लेषण में हमने साम्प्रदायिक मनोवृत्ति के विषाक्त चरित्र की असलियत को इन लेखकों के साक्ष्य पर सामने रखा है।

सम्रतः कहना चाहें, तो कह सकते हैं कि हिन्दी उपन्यास की समाजवादी धारा के उपन्यासों में ही हमें साम्प्रदायिकता की चुनौती को स्वीकार करने, उसका पर्दाफाश करने तथा उसकी अमानवीय परिस्थितियों को चित्रित करने के उदाहरण मिले हैं। साम्प्रदायिकता के सवाल पर यशपाल, भीष्म साहनी का पर्यवेक्षण, साम्प्रदायिकता को उसके बुनियादी रूप में समझने में मदद देता है।

(च) समाजवादी धारा से इतर अन्य उपन्यास : समकालीन उपन्यास : हमने अपने अध्ययन के दौर में ऐतिहासिक उपन्यासों, आंचलिक उपन्यासों, आधुनिकतावादी उपन्यासों, ग्राम-केन्द्रित उपन्यासों तथा एकदम समकालीन लेखकों के उपन्यासों का भी विस्तृत अध्ययन और पर्यवेक्षण किया है। मुख्य उपन्यास लेखकों के अलावा इस क्रम में हमने नारी उपन्यासकारों के उपन्यासों का भी अध्ययन किया। इस अध्ययन के उपरान्त हमने जो निष्कर्ष निकाले वे निम्नलिखित हैं—

1. ऐतिहासिक उपन्यासकारों में हमने मुख्यतः बाबू वृन्दावनलाल वर्मा के उपन्यासों का अध्ययन किया है तथा उनकी सामन्तवाद-सम्प्रदायवाद विरोधी मानसिकता को उनके उपन्यासों के साक्ष्य पर उजागर किया है। चतुरसेन शास्त्री का विवरण हम दे चुके हैं, जिन्होंने 'सोमनाथ' तथा 'आलमगीर' उपन्यासों में महमूद तथा औरंगेजब के चरित्रों में मानवीय संवेदना एवं कोमलता के दर्शन भी कराए हैं—उन्हें एकदम एकांगी नहीं रहने दिया। इसके अलावा, राहुल, हजारीप्रसाद द्विवेदी के उपन्यास सीधे हिन्दू-मुस्लिम सम्बन्धों या साम्प्रदायिकता को कथावस्तु नहीं बनाते किन्तु ये लेखक अपने विचारों में निहायत सेक्यूलर—आधुनिक मन वाले लेखक हैं सम्भवतः ऐतिहासिक उपन्यासों में मध्यकालीन इतिहास के संघर्ष में धर्मांध कट्टर मुसलमान सुल्तानों के अतिचार ऐतिहासिक यथार्थ का अंग बनकर भले आये हों इन लोगों ने साम्प्रदायिक मनोवृत्ति से उस इतिहास या इन चरित्रों को नहीं देखा है भले-बुरे दोनों ही प्रकार के हिन्दू-मुसलमान पात्र उनके यहाँ हैं।

2. हिन्दी के आंचलिक कहे जाने वाले उपन्यासाकारों—मुख्यतः रेणु औ नागार्जुन के उपन्यासों के अध्ययन के उपरान्त हमारा यह निष्कर्ष रहा कि इ उपन्यासकारों ने अपने अंचल के जीवन तथा सामाजिक यथार्थ को उभारा है। उ सामाजिक जीवन या यथार्थ के उद्घाटन के क्रम में प्रसंगतः मुस्लिम चरित्र आ ग हों, तो आ गये हों, ये लेखक आंचलिक जीवन के प्रति ही प्रतिबद्ध रहे हैं—उन्हों आयासपूर्वक उनमें हिन्दू-मुसलमान चरित्रों को लाने की कोशिश नहीं की है। किन्

ये लेखक पारदर्शी मानवीय संवेदनाओं के लेखक हैं। मनुष्यता की यातना से दुखी होने वाले लेखक हैं, अपनी धरती के कण-कण से जुड़े लेखक हैं—क्षुद्र मानसिकता या सम्प्रदायवाद जैसी क्षुद्र, संकीर्ण विचारधारा या प्रवृत्ति से इनका कोई लेना-देना नहीं है। ये उसके विरोध के लेखक हैं—मानवीय बन्धुत्व के—साधारणजन की आशाओं-आकांक्षाओं के लेखक हैं।

3. आधुनिकतावादी उपन्यासों में या नई कहानी आन्दोलन के पुरस्कर्ता मोहन राकेश, कमलेश्वर, राजेन्द्र यादव, निर्मल वर्मा जैसे उपन्यासकारों के लेखन में हालाँकि साम्प्रदायिकता की समस्या को नहीं उठाया गया है, फिर भी ये सारे लेखक घोषित रूप से सेक्यूलर मानसिकता के लेखक हैं। निर्मल वर्मा का नव्यतम चिन्तन भले ही हिन्दू पुनरुत्थानवाद को प्रेरित करनेवाला हो; किन्तु वह दार्शनिक चिन्तन है—साम्प्रदायिक मनोवृत्ति के प्रचार-प्रसार से उसका सीधा सम्बन्ध नहीं है। मोहन राकेश अपने 'अन्धेरे बन्द कमरे' में मुस्लिम चरित्र प्रसंगवश ही लाये हैं—शेष लेखकों के वहाँ भी हिन्दू-मुसलमान युगीन यथार्थ के अंग रूप में ही आये हैं, अलग से उन्हें कोई तवज्जों नहीं दी गयी है।

4. पिछली पीढ़ी के ऐसे कुछ लेखकों के उपन्यासों को भी हमने अपने विस्तृत अध्ययन का आधार बनाया, जिन्हें आंचलिक तो नहीं, ग्राम-केन्द्रित उपन्यासों के रचनाकार के रूप में पहचानना ज्यादा सही है। राही मासूम रजा, श्रीलाल शुक्ल, शिवप्रसाद सिंह, शानी जिनमें महत्त्वपूर्ण हैं। हमने इनके उपन्यासों का विस्तृत अध्ययन किया और पाया कि श्रीलाल शुक्ल ने ग्रामीण जीवन की विसंगतियों का रूप अपने 'राग दरबारी' में उभारा, किन्तु हिन्दू-मुस्लिम समस्या उनकी रचना की विषय-वस्तु नहीं बनी। मुसलमान चरित्र शिवप्रसाद सिंह के उपन्यासों में आये हैं—'अलग-अलग वैतरणी' में भी, और उनके प्रति उनकी दृष्टि वस्तुनिष्ठ है। अपने परवर्ती कुछ उपन्यासों में—'नीलाचाँद' तथा 'कोहरे में युद्ध' में शिवप्रसाद सिंह ने मध्यकालीन इतिहास के कुछ बिन्दुओं को वृहद् फलक पर उभारा है। शिवप्रसाद सिंह के 'अगल-अगल वैतरणी' उपन्यास तथा उनकी कहानियों में कुछ...सेक्यूलर देती हैं; किन्तु 'नीलाचाँद' तथा 'कोहरे में युद्ध' उपन्यासों से व्यंजित होता है मानो वे मुसलमानों के प्रति हिन्दू सम्प्रदायवादी दृष्टिकोण के शिकार हो गये हैं। उनके कुछ परवर्ती उपन्यास उनके सेक्यूलर रचनाकार मानस को संदिग्ध बनाते हैं।

'आधा गाँव' की चर्चा हमने विस्तार से की है। सच पूछा जाये तो निहायत सेकूयलर मानसिकता के साथ लिखा गया समकालीन रचनाशीलता में वह अकेला उपन्यास है, जो अपने रचनाकार की खरी भारतीयता एवं राष्ट्रीय-दृष्टि को व्यंजित करता है। राही का 'आधा गाँव' हिन्दी उपन्यास की एक उपलब्धि है। साम्प्रदायिक दृष्टिकोण पर इतनी तीखी टिप्पणियाँ तथा सेक्यूलर मानसिकता का इतना पारदर्शी

आख्यान दुर्लभ है।

5. हिन्दी में महिला उपन्यासकार जोकि संख्या में कम नहीं हैं, किन्तु एक 'मन्नू भंडारी' को छोड़ अन्य महिला कथाकारों ने मध्यवर्गीय नारी जीवन की विसंगतियों को ही कहीं बहुत खुले रूप में, कहीं मनोवैज्ञानिक अंतर्दृष्टि के साथ उभारा है। उनमें से मृदुला गर्ग जैसी लेखिकाएँ आधुनिकतावादी हैं, तो राजी सेठ सामाजिक सरोकारों से जुड़ी हैं; किन्तु उनकी विषयवस्तु का दायरा सीमित है। मन्नू भण्डारी ने अवश्य महाभोज में सामाजिक जीवन के एक महत्त्वपूर्ण पक्ष राजनीतिक दमन को उठाया है। उन्होंने सीधे हिन्दू-मुस्लिम सम्बन्धों या समस्याओं पर नहीं लिखा। कृष्णा सोबती 'बोल्ड' नारी कथाकार हैं। पंजाब से सम्बद्ध होने के नाते यशपाल, अश्क आदि की तरह हिन्दू-मुस्लिम साझी संस्कृति की वे भी भोक्ता रही हैं। उनके उपन्यास पंजाब के लोक जीवन, ग्रामीण चरित्रों एवं वहाँ के जनजीवन को बड़ी ताजगी से पेश करते हैं—बोली-बानी के उसी अन्दाज में। उनके उपन्यासों में हिन्दू-मुसलमान चरित्र दूध-पानी की तरह घुल-मिलकर आये हैं—अपनी-अपनी शक्ति और सीमाओं के साथ। धार्मिक या सम्प्रदायगत दृष्टिकोण से उन्हें नहीं देखा गया। समग्रतः नारी कथाकारों ने साम्प्रदायिकता की समस्या से न टकराते हुए भी अपनी रचनादृष्टि की बानगी अपने उपन्यासों में पेश की है। उनके आधार पर कहा जा सकता है कि उनके उपन्यास भी कतई साम्प्रदायिक मनोभवना से अलग हैं।

6. समकालीन लेखकों में तथा एकदम युवा लेखकों में उपन्याकार और चर्चित उपन्याकार तो अनेक हैं। किन्तु वय में अधिक होने के बावजूद हाल में प्रकाशित विभूतिनारायण राय का 'शहर में कर्फ्यू' अपेक्षाकृत युवा अब्दुल बिस्मिल्ला की 'झीनी-झीनी बीनी चदरिया' तथा अपेक्षाकृत पुरानी पीढ़ी के रवीन्द्र कालिया का 'खुदा सही सलामत है' ये तीन उपन्यास ऐसे हैं, जिनकी हमने विशद चर्चा की है। शहर में कर्फ्यू, झीनी-झीनी बीनी तथा 'खुदा सही सलामत है', हिन्दू-मुस्लिम सम्बन्धों की कथा तो कहते ही हैं—'शहर में कर्फ्यू' में साम्प्रदायिक दंगों के दौरान साम्प्रदायिक दृष्टिकोण वाली पुलिस साधारण मुसलमान बस्तियों के जीवन को किस प्रकार नरक बना देती है, इसका चित्रण है। ये उपन्यास साम्प्रदायिक दृष्टिकोण के खिलाफ लेखक की मानवीय संवेदना को पूरी पारदर्शिता के साथ सामने लाते हैं।

समग्रतः हिन्दी उपन्यासों का साम्प्रदायिक दृष्टिकोण के सन्दर्भ में किया गया हमारा अध्ययन इस महत्त्वपूर्ण निष्कर्ष को सामने लाता है कि गुरुदत्त जैसे दोयम दर्जे के अमहत्त्वपूर्ण लेखक को छोड़कर और ऐसे ही अमहत्त्वपूर्ण छिट-पुट अपवादों को छोड़कर हिन्दी उपन्यास का समूचा सौ वर्षों से ऊपर का इतिहास इस तथ्य का साक्षी है कि एक भी उल्लेखनीय तथा महत्त्वपूर्ण कथाकार हिन्दी में नहीं है, जिसने क्षुद्र, संकीर्ण हिन्दू अथवा मुस्लिम साम्प्रदायिक दृष्टि से किसी रचना को जन्म दिया

हो। हिन्दी उपन्यास लेखकों का प्रस्तुत समूचा तबका सेक्यूलर मानसिकता का साक्ष्य प्रस्तुत करता है। इन लेखकों की रचनाओं की अपनी दीगर सीमाएँ, कलात्मक खामियाँ-खूबियाँ, सामाजिक दृष्किोण की विसंगतियाँ हो सकती हैं; किन्तु वे निश्चय ही साम्प्रदायिक मनोभावना के लेखक नहीं हैं। अपने-अपने देखे-भोगे जीवन पर आधारित उनकी रचनाओं की विषयवस्तु अलग-अलग है, उनके द्वारा उठाई सामाजिक समस्याएँ तथा उन पर उनके द्वारा अपनाया गया रुख भी अलग-अलग है, उनके अपने सकारात्मक-नकारात्मक पहलू हैं, किन्तु वे कथमपि साम्प्रदायिकता के पक्षधर-प्रेरक या प्रचारक नहीं हैं। यह सही है कि हिन्दी-उपन्यासों के इन लेखकों ने अपनी कृतियों में मुसलमानों के जीवन पर कम लिखा है; किन्तु इसे इनका मुसलमानों के जीवन से अपरिचय माना जा सकता है। यह कमी इनकी साम्प्रदायिक या हिन्दूवादी दृष्टि का परिणाम नहीं है। जिन कथाकारों ने हिन्दू-मुस्लिम जीवन को समानान्तर चित्रित किया है, उन्होंने भी उसे सामाजिक जीवन के अंग के रूप में चित्रित किया है। जिन लेखकों ने सीधे साम्प्रदायिकता के सवाल को अपनी रचना का विषय बनाया है, वे स्पष्टतः उसके खिलाफ खड़े हुए हैं। एक भी लेखक—महत्त्वपूर्ण लेखक—ऐसा नहीं है, जिसने हिन्दू या मुस्लिम साम्प्रदायिकता के पक्ष में, साम्प्रदायिक मनोभावना के पक्ष में लेखनी उठाई हो। इसे हिन्दी उपन्यास की एक बहुत महत्त्वपूर्ण उपलब्धि के रूप में हम स्वीकार करते हैं। हिन्दी उपन्यास इस बिन्दु पर उपन्यासेतर हिन्दी रचनाशीलता की अनुरूपता में है। वह इस तथ्य को प्रमाणित करता है कि हिन्दी की रचनाशीलता— आदिकाल से अब तक की रचनाशीलता—निहायत सेक्यूलर, धर्म-निरपेक्ष रचनाशीलता है। सम्प्रदायवादी मानसिकता हिन्दी की रचनाशील परम्परा के लिए अजूबा है। हिन्दी की रचनाशीलता में या तो वह कहीं है नहीं, या कहीं विषयवस्तु के रूप में आई है, तो रचनाधर्मी लेखकों के कठोर विरोध का लक्ष्य बनी है। अन्य दृष्टियों से हिन्दी उपन्यास की अपनी शक्ति तथा सीमाएँ हो सकती हैं; किन्तु जिस परिप्रेक्ष्य तथा जिस महत्त्वपूर्ण समस्या को केन्द्र में रखकर हमने यह अध्ययन किया, हम आश्वस्त होकर, तथ्यों के साक्ष्य पर कह सकते हैं कि साम्प्रदायिकता हिन्दी उपन्यास की रचनादृष्टि में कहीं कोई स्थान नहीं पा सकी है। वह उसके हाशिये में भी नहीं है।

प्रेमचन्द ने हिन्दी उपन्यास में युगारम्भ किया था। उनका अनुवर्ती हिन्दी उपन्यास हुआ हो या न हुआ हो, उनकी परम्परा के अन्य पहलुओं को हिन्दी उपन्यास ने विकसित किया हो या न किया हो, कम से कम साम्प्रदायिक सद्भाव, साझा संस्कृति तथा सेक्यूलर दृष्टिकोण की जिस परम्परा को उनके उपन्यासों ने बल प्रदान किया, प्रतिष्ठित किया, सींचा, उसी सेक्यूलरिज्म की यह परम्परा आगे के कथा साहित्य में विकसित ही नहीं हुई पुष्ट हुई है।

अपने अध्ययन के समग्र निष्कर्षों का समापन करते हुए समकालीन सन्दर्भों में हम एक दो महत्त्वपूर्ण सवाल उठाना चाहते हैं—

...यदि साहित्य वस्तुतः जनता या शिक्षित जनता की संचित मनोवृत्ति का प्रतिबिम्ब होता है, यदि साहित्य में समाज सचमुच प्रतिबिम्बित, व्याख्यायित या कलात्मक प्रस्तुति पाता है, यदि सचमुच किसी जाति के साहित्य का अध्ययन हमें उस जाति के सामाजिक जीवन, उसकी मानसिकता, उसके सामाजिक क्रिया-कलापों की जानकारी देता है, तो स्वाभाविक है कि आधुनिक सामाजिक जीवन में साम्प्रदायिक मनोभावना जैसी संकीर्ण मनोभावना के विद्यमान होते, आधुनिक हिन्दी रचनाशीलता में उसकी उपस्थिति हमें नहीं दिखाई देती। ऐसा नहीं है कि साहित्यिक रचनाशीलता में उसकी उपस्थिति नहीं है, वहाँ वह विद्यमान है। वहाँ हिन्दी के रचनाधर्मी लेखकों ने उस पर प्रहार किये हैं, उसके अमानवीय चरित्र को बेनकाब किया है, उसके खिलाफ लिखा है। व्यापक स्तर पर वह रचनाओं का विषय भले न बनी हो; किन्तु जहाँ बनी है, वहाँ वह रचनाकारों के विरोध का लक्ष्य बनी है—हिन्दी लेखकों ने, उपन्यासकारों ने इस क्षुद्र, संकीर्ण साम्प्रदायिक मानसिकता के पक्ष में कभी नहीं लिखा। किन्तु इसके साथ एक दूसरा और अधिक महत्त्वपूर्ण सवाल हम करते है और वह यह कि साम्प्रदायिक विरोध की इतनी शानदार रचनाधर्मी परम्परा के होते हुए भी क्या कारण है कि हमारा साहित्य सामाजिक जीवन पर, आम नागरिकों के हृदय-मन पर अपना प्रभाव नहीं डाल पा रहा। मीडियाकर और घटिया प्रकार का साम्प्रदायिक मनोभावना को उभारने वाला लेखन, धर्म के नाम पर किया जाने वाला सस्ता साम्प्रदायिक प्रचार, हमारी जतना शिक्षित और अशिक्षित दोनों को—अपनी गिरफ्त में ले लेता है; और साम्प्रदायिकता समाज में अपना नंगा नाच करने लगती है, जबकि हमारा सार्थक साम्प्रदायिकता विरोधी लेखन और हमारे सेक्यूलर रचनाकार—प्रेमचन्द, यशपाल, भैरो, भीष्म साहनी, राही मासूम रजा...आदि इस जनता द्वारा जाने जाकर भी है और पढ़े जाकर भी उनके विचार तथा आचरण दोनों में ही उपेक्षित रह जाते हैं। हमारा यह साहित्य क्या साधारण जनता तक सम्प्रेषित नहीं हो पा रहा, उनका धर्म-निरपेक्ष चरित्र इस जनता को प्रभावित क्यों नहीं कर पा रहा। उन्माद और आवेश का, धार्मिक लाभ-लोभ का सस्ता साहित्य असरदार क्यों हो रहा है? यह एक सवाल है, साहित्य और समाज के बीच बुनियादी संवादधर्मिता को स्वीकार करने वाले हम सब लोगों को जिसका उत्तर देता है।

परिशिष्ट

हिन्दी उपन्यास और उपन्यासकार

1. श्रद्धाराम फिल्लौरी—भाग्यवती (1877)
2. श्रीनिवासदास—परीक्षा-गुरु (1882)
3. बालकृष्ण भट्ट—नूतन ब्रह्मचारी (1886)
4. राधाचरण गोस्वामी—विधवा-विपत्ति(1888), निस्सहाय हिन्दू (1890)
5. लज्जाराम शर्मा—आदर्श हिन्दू (1914)
6. किशोरीलाल गोस्वामी—त्रिवेणी (1890), लीलावती वा आदर्श सती (1901), चपला वा नव्य समाज (1904), पुनर्जन्म वा सौतिया डाह (1907)
7. अयोध्यासिंह उपाध्याय—अधखिला फूल (1907)
8. गोपालराय गहमरी—सास पतोहू (1898)
9. रक्षापाली—त्रियाचरित्र (1902)
10. अमृतलाल चक्रवर्ती—सती सुखदेवी (1902)
11. सकलनारायण पाण्डे—अपराजिता (1907) आदि
12. सियारामशरण गुप्त—गोद (1932) अन्तिम आकांक्षा (1934) नारी (1937)
13. विश्वंभरनाथ शर्मा 'कौशिक'—भिखारिणी (1929)
14. पाण्डेय बेचन शर्मा 'उग्र'—सरकार तुम्हारी आँखों में (1937) जीजा जी (1943) चन्द हसीनों के खुतूत, खुदाराम।
15. राजा राधिकारमन प्रताप सिंह—राम-रहीम (1937) आदि
16. वृन्दावनलाल वर्मा—सम्पूर्ण कृतित्व
17. चतुरसेन शास्त्री—वयं रक्षामः, अमर अभिलाषा (1933) आत्मदाह (1937), सोमनाथ, धर्मपुत्र, आलमगीर आदि।
18. जयशंकर प्रसाद—सम्पूर्ण उपन्यास
19. सूर्यकान्त त्रिपाठी 'निराला'—सम्पूर्ण उपन्यास
20. भगतीप्रसाद वाजपेयी—पतिता की साधना (1936), दो बहनें (1940) आदि।
21. भगवतीचरण वर्मा : सम्पूर्ण उपन्यास
22. प्रेमचन्द : सम्पूर्ण उपन्यास

23. अमृतलाल नागर—सम्पूर्ण उपन्यास
24. जैनेन्द्र कुमार—सम्पूर्ण उपन्यास
25. इलाचन्द्र जोशी—सम्पूर्ण उपन्यास
26. प्रतापनारायण श्रीवास्तव—विकास, विदा, बेकसी का मजार आदि
27. उपेन्द्रनाथ 'अश्क'—गिरती दीवारें, बाँधो न नाव इस ठाँव आदि।
28. नागार्जुन—दुखमोचन, उग्रतारा आदि
29. यशपाल—झूठा-सच, मनुष्य के रूप, दिव्या, मेरी तेरी उसकी बात, देशद्रोही आदि।
30. राहुल सांकृत्यायन—सिंह सेनापति, जय यौधेय
31. रांगेय राघव—कब तक पुकारूँ, विषाद मठ
32. अमृतराय—बीज, धुआँ
33. भैरवप्रसाद गुप्त—सत्ती मैया का चौरा
34. मार्कण्डेय—अग्निबीज
35. भीष्म साहनी—तमस, मैयादास की माड़ी
36. जगदीशचन्द्र—धरती धन न अपना, घास गोदाम
37. मोहन राकेश—अन्धेरे बन्द कमरे
38. राजेन्द्र यादव—उखड़े हुए लोग
39. मन्नू भण्डारी—महाभोज
40. फणीश्वरनाथ रेणु—मैला आँचल, परती परिकथा
41. राही मासूम रजा—आधा गाँव, टोपी शुक्ला, दिल एक सादा कागज
42. शानी—काला जल
43. रवीन्द्र कालिया—खुदा सही सलामत है
44. श्रीलाल शुक्ल—राग दरबारी
45. शिवप्रसाद सिंह—गली आगे मुड़ती है, अलग-अलग वैतरणी
46. मंजूर एहतशाम—सूखा बरगद
47. अब्दुल बिस्मिल्ला—झीनी-झीनी बीनी चदरिया
48. बलवन्त सिंह—रात, चोर और चाँद
49. कमलाकान्त त्रिपाठी—पाही घर
50. मनमोहन पाठक—गगन घटा घहरानी
51. अखिलेश—अन्वेषण
52. संजीव—धार, सावधान नीचे आग है।
53. पंकज सिंह—उस चिड़िया का नाम
54. सुरेन्द्र वर्मा—मुझे चाँद चाहिए
55. मैत्रेयी पुष्पा—इदन्नमम

आदि आदि!!